成　　功

跟任何人
都聊得来

高贵萍◎编著

中国出版集团
中译出版社

图书在版编目（CIP）数据

成功口才：跟任何人都聊得来 / 高桂萍编著 . —北京：
中译出版社，2020.1
ISBN 978 - 7 - 5001 - 6152 - 3

Ⅰ.①成… Ⅱ.①高… Ⅲ.①口才学 - 通俗读物
Ⅳ.①H019 - 49

中国版本图书馆 CIP 数据核字（2019）第 299504 号

成功口才：跟任何人都聊得来

出版发行／中译出版社
地　　址／北京市西城区车公庄大街甲 4 号物华大厦 6 层
电　　话／（010）68359376　68359303　68359101　68357937
邮　　编／100044
传　　真／（010）68358718
电子邮箱／book@ctph.com.cn

策划编辑／马　强　田　灿　　　　规　　格／880 毫米×1230 毫米　1/32
责任编辑／范　伟　吕百灵　　　　印　　张／6
封面设计／泽天文化　　　　　　　字　　数／135 千字
印　　刷／山东汇文印务有限公司　版　　次／2020 年 3 月第 1 版
经　　销／新华书店　　　　　　　印　　次／2020 年 3 月第 1 次

ISBN 978 - 7 - 5001 - 6152 - 3　　　定价：32.00 元

前　言

你是否有过如下经历：

在火车上遇到怦然心动的邻座，却不知道与之如何搭讪与表现；

家里来了陌生的人，你匆匆忙忙地打招呼后，便赶紧躲到了一旁的房间里；

在公司大会上，即使有不错的想法，也不敢站起来表达；

……

人生的每一次遇见都是机会，舞台中央永远僧多粥少，是什么让你蜷缩不前，紧紧地将自己封锁呢？是内向的性格，还是不能应对纷繁复杂的说话方式呢？

的确，世界上没有两片完全相同的叶子，世界上也没有两个完全相同性格的人，即使同样的物质条件，同样的教育方式，甚至同样的成长环境，和谁都能聊得来，看似简答，真的做到，其实并没有那么容易。

对于亲密关系的人来说，聊得来是一种情怀，更是一种需要，是一种来自生命本能的最基本的渴求。对于陌生人来说，聊得来是一种社交礼仪，是一种尊重，更是一种被社会，被他们需要的满足感。

《跟任何人都聊得来》原作者迈克·贝克特尔说过：交谈的目的并非向对方炫耀你有多聪明，而是在两人之间建立联系，交谈的结果并不只是说明你优秀与否，你的交谈技巧高明与否，同时也是对交谈的另一方面的反映，要正确理解交流的结果，交谈的目的不是改变他人，而是理解他人。

本书就是献给那些不太会聊天的人，希望他们通过阅读本书，能在这个社会上如鱼得水，如虎添翼，如愿以偿，如日中天。

目　录

第一章
成功口才，决定人生成功的关键

　　语言是人们使用最普遍、最方便，也是最直接地传递信息的方式。口才，不但影响着人们之间的交流，而且还可以衡量人的整体素质。所以，口才已成为一个人成功的重要条件。

　　老子曾热情地提出："美言可以市尊。"的确，在某些领域，在人生的关键时刻，口才是决定你成功的重要一环。

口才是成功的助推器

在市场经济激烈竞争的背景下，每个人都希望早日成功、出人头地，可是，到底应具备哪些方面的能力和素质才能适应社会发展趋势，让自己立于不败之地呢？

农业时代，看谁的土地拥有得多；工业时代是看谁的设备最先进；而现在是信息时代，就要看哪个组织或个人的信息传播能力比较强。信息社会对人们的口才提出了越来越高的要求。不论在生活中还是在工作中，如果没有一定的口语表达能力，就无法适应信息社会的快速发展。

在生活中，有些人的知识很渊博，甚至像一本大百科全书，他们的思想也有许多熠熠闪光之处，但是他们却往往难以达到自己的理想目标。这是为什么？因为他们缺乏良好的谈吐能力，不能充分表达自己的思想和观点。因此，西方世界已把"口才""金钱""原子弹"列为三大武器。如果你笨嘴拙舌，那么就很难立足于信息高度发达的社会。即便你与他人拥有同等的优势，但是如果在口才上逊于他人，最后胜出的恐怕也不会是你。而那些拥有好口才的人，就像万绿丛中的"一点红"，很容易从众人中脱颖而出，有些时候，甚至可以一战成名，进而引导自己走向人生的辉煌。

中央电视台《东方时空》曾播出过一个《杨利伟怎样成为我国进入太空第一人》的节目。当时，被采访的航天局领导说了三个原因：一是杨利伟在 5 年多的集训期间，训练成绩一直名列前茅；二是杨利伟处理突发事件的能力特别强，在担任歼击机飞行员时，多次化解飞行险情；三是他的心理素质好，口头表达能力强，说话有条理、有分寸。有以上三个优势，杨利伟最终在 1600 人—300 人—14 人—3 人的几轮考验中胜出。

如果说杨利伟前两方面的条件是硬件的话，那么，过关斩将后，在最后胜出的 3 个人各方面都十分优秀、难分高下的情况下，航天局领导为什么会选择杨利伟呢？是因为他们考虑到作为我国第一个进入太空的宇航员，将要受到全世界的瞩目、接受新闻媒体的采访，还将进行巡回演讲，故最后决定让口才好的杨利伟首飞。

因为在平时的训练学习等各种总结会上，杨利伟总是准备充分、积极发言，发言条理清晰，逻辑性强，而且他冷静从容，给领导留下了深刻的印象，所以，最后航天员选择的天平就偏向了杨利伟。

在决定自己命运的关键时刻，杨利伟的口才赢得了飞向太空的入场券。

由此可见，口才也可以在一定程度上决定你的成败。

因此，你千万不要认为口才是主持人、律师等依靠嘴上功夫来"吃饭"的人的专利，其他行业的人也一样，没有好口才，也会处处难行。综观那些企业的优秀领军人物和各行各业的社会精英们，他们除了具备管理经营才能之外，大多都是谈判的高手、沟通的专家，特别是在一些特殊时刻，他们会运用卓越的口才，激励人心，跨越困难，赢得合作伙伴的支持，推动事业走向成功。

阿里巴巴网站总裁马云当初从美国回来时手里有项目、有资金，他自称是一个没有什么经营管理才能也不懂得经营管理的人。可是，他有自己的长项——口才。这个不懂管理的人用自己"绝佳的口才"面对他的最后18名员工进行理性的演讲，去激励他们，去影响他们，让他们对自己和阿里巴巴充满信心。在面临融资的关键时刻，马云又是运用自己的口才说动了雅虎的杨志远、日本软体银行的孙正义为当时名不见经传的阿里巴巴注资几十亿美元。可见，马云的口才如何了得。

你也不要以为，只有领导者，只有需要面对公众的人物才需要口才，即便你只是个普通员工，也同样不可忽视口才的重要性，和同事沟通、向领导汇报工作，同样都离不开口才。在这个飞速发展的时代，能做不会说已经不能适合社会发展的需要了。因此，你不仅要做会默默耕耘的"小黄牛"，还要成为能说会道的"百灵鸟"。左手能做，右手还要能说，只有两手都要硬，才能在职场上获得成功。

总之，不论在任何行业，好口才都可以助你脱颖而出。如果你希望自己完成从普通人向更高层次的跨越，就要重视口才的力量，有意识地锻炼自己的口才，让它成为你成功的助推器。

口才会影响幸福指数

那些不会说话的人，通常不敢表现自己，在事业上难以出人头地，在生活中要赢得自己的幸福恐怕也很难。因为他们不善于表达自己，越是到关键时刻，越是茶壶里煮饺子，有嘴倒（道）不出。结果，到手的幸福可能也会像煮熟的鸭子一样飞走。

洋洋就是这样一位青年。他生在农村，有3个姐姐，父母人到中年才生下他这个男孩，因此十分宠他。可是，他完全不像3个姐姐那样伶牙俐齿，总是不善于言语。小学三年级时，班级举行故事会，同学讲《奥特曼》《天线宝宝》等，绘声绘色，着实令人羡慕，可洋洋始终不敢举手登台。当班主任鼓励他试试时，洋洋硬着头皮站到了前面，吭哧半天也说不出个完整的故事来，老师实在看不过去，说："算了，别难为他了。"

上中学时，看到其他同学朗读课文声情并茂，洋洋说不出有多么羡慕。这等事情，他是想都不敢想的。

高中毕业后，他看好邻村一位女孩儿，父母就找人给他们介绍。洋洋家庭条件较好，女孩感觉洋洋话不多但是踏实可靠，就爽快地同意了。洋洋得知后很高兴。在女孩生日那天，洋洋专门买了一个大生日蛋糕。母亲知道他不善于表白自己，去之前，曾嘱咐他多说一些关心女孩儿的话。可是洋洋到女孩家后因为有些胆怯，一路上想好的话怎么也无法说出来。他放下蛋糕脸憋得通红，说话也结结巴巴起来。女孩儿的妈妈看到后，悄悄对女儿说："他怎么说话都说不明白呀？这门婚事我们可得考虑考虑。"

这样一拖就是半年，洋洋很着急。因为女孩的妈妈是个很会说话的人，在村里应付各种场面都有一手，她不想让女儿找一个闷葫芦。结果，洋洋看好的女孩在母亲的劝阻下另外找了对象。

这还不算，后来洋洋不会说话的"名声"传出去后，他的婚事受到了很大影响。

由此可见，没有好口才，不善于表达自己，有时的确会让自己的幸福生活受到影响。

虽然男女交往时彼此都注重人品，可是人品在短时间内怎能看出来？如果男女双方不在同一个地方生活，没有什么交往和接触，人品就更是道听途说了。这时候，要表现自己优秀的一面，口才至关重要。因为在双方还不熟悉的情况下，没有人会让你通过什么实际行动来表现你其他方面的能力，能表现自己的除了形象就是说话。虽然初次见面不宜说太多话，但是正因为这样，才需要把自己的情意简洁深情地表达出来。如果你能适时地表达自己的爱慕之心，才有机会打动对方的心。同样，也可以赢得对方父母的好感。如果你不懂得这些，或者心里懂得嘴上也说不出来，那么，在对方和其家人的眼中就是不及格的，结果自然可想而知。

相反，那些口才好的人呢？也许他们相貌不英俊，也没有什么特殊的才华，可是，他们拥有好的口才，而且善于用语言准确、贴切、生动地表达自己的思想感情，最后往往能赢得自己所向往的幸福生活。这绝对不是夸大其词。

一个身材矮小也算不上英俊的男人，就用自己的语言赢得了几乎是世界上最美丽又有才华的女人——伊莎多拉·邓肯的欢心。这个男人的名字叫邓南遮。

邓肯是世界现代舞的创始人之一，在她艺术表演的舞台上，比邓南遮帅气的小伙子比比皆是，他们对邓肯也充满了爱慕之心。可为什么唯独邓南遮追求成功了呢？请看下面的情节。

一次，邓南遮同邓肯到一片幽静的小树林里散步。在小树林深处，邓南遮停住了脚步，深情地望着邓肯叹息般地说："啊，伊莎多拉，与你一起单独在大自然中徜徉真是美妙至极。其他女人只会把景色败坏无遗，而你却是这迷人的大自然的一部分，你就是这些树林，你就是这天空的一部分。噢，不！在我的心中，你就是这主宰着大自然的女神啊！"

听了这样的语言，邓肯不由得也从心里叹道："多么充满诗意的语言，多么让人感动啊！"一个女人哪能抵挡得住这样的景仰崇敬呢？

任何一个男人，如果能像邓南遮那样用语言让自己喜爱的人被打动，那么，他所向往的美好爱情和幸福生活常常会水到渠成。

当然，幸福的生活不只有爱情，也包括事业的成功，家庭的美满。虽然生活中不需要夸夸其谈，也不需要口若悬河，但是，口才的确和我们的生活、事业密切相关，甚至会影响我们生活的幸福指数。试想，在家庭中，如果没有口才，或者表达得词不达意，就无法很好地表达对爱人、子女的深厚情谊；在单位，如果没有口才，就很难得到同事的理解、领导的青睐；在社会上，遇到一些纠纷时，如果没有口才，就会让自己受很多冤枉气。在这种情况下，自己的生活何来幸福感呢？

老张已到中年，在一家国企工作。妻子能干贤惠，儿女学习优异，父母身体健康，家庭生活幸福。可是，他的幸福感中却有着些许不如意。因为在单位像他这个年龄不是高层就是中层了，享受着高额的薪水和高额的福利待遇。可是他，不论风吹日晒，每天都要蹬着自行车和人家的汽车轮子赛跑，自觉惭愧。原因是他根本就不具备当领导的口才。他说话不仅声音沉闷而且很费力，好像酝酿了好半天才憋出来一样，让听的人感觉不爽快。当年，本来想让他当售票员的父亲因为他这个弱点让他在工厂当了车工，学一门技术。可现在，老张岁数大了，还是和年轻人一样站 8 个小时，他受不了。但是，想到坐办公室就得和很多人交流，当领导更需要好口才，这让他有点发怵。因此，尽管老张对自己目前的待遇不满意，也只能将就了。但是他告诉儿女，凡是学校的公众活动都要参与，要踊跃发言，可不要像自己这样，吃"嘴"上的亏。

其实，不论在任何行业，口才都和你的幸福生活密切相关。好口才有助于你获得幸福圆满的生活。虽然我们不一定非要像邓南遮一样能说出诗情画意般美妙的语言，但是，让口才成为事业成功、生活幸福的助推器而不是拦路虎，难道不是人人期盼的吗？

好口才让你一战成名

"舌头是一把利剑，口才比打仗更有威力。"英国作家麦卡雷如是说。这话似乎有点过于夸张，但面对事实你又不得不承认："巧舌胜似强兵。"就连拿破仑这种靠枪杆子打天下的人也从不忽视言语的魅力，他总结自己成功的经验时说："一支笔，一条舌，能抵三千毛瑟枪。"

在中国历史上留下英名的诸葛亮就是凭舌战群儒而成名的。当时，东吴的谋士一个接一个地向诸葛亮发难，先后有 7 人之多，都被诸葛亮反驳得有口难辩。在中外历史上，那些影响了人类进程的大人物，他们思想的传播，更是离不开口才的鼓动力和影响力。像马克思、列宁、林肯、丘吉尔、孙中山、毛泽东、周恩来、鲁迅、闻一多等，都是来自各个领域的最杰出的演说家，他们都拥有卓越的口才。

美国著名人类行为学家汤姆士说："好口才是成名的捷径。它能使人显赫，鹤立鸡群。能言善辩的人，往往使人尊敬，受人爱戴，得人拥护。它使一个人的才学充分拓展，熠熠生辉，事半功倍，业绩卓著。"

今时今日，凭借自己的口才而一战成名，甚至创造出自己的财富人生的也大有人在。陈安之本人就是靠口才成功的，他现在每小时已拿到 15 万港元的讲课费。两天的《超级成功学》课程，最多时达几千人，每人票价 3500 元，除去开支，他至少要收入上千万元人民币。

在学术界，余秋雨、易中天、于丹也是以说成名。虽然他们都是学术方面的人才，在文学、历史等领域有开拓性的贡献，在文化上也有些造诣，可是，如果他们不把自己的思想和造诣通过语言表达出来，谁能知道？

正是因为他们的说，让人们看到了他们口才的魅力，了解了中国传统文化，也让他们自己的人生发生了关键性的转变。他们从大学讲台走到民众中来，像歌星、影星那样快速走红，自己的生活质量也得到了很大的提升。这一切，都是因为他们说得好，他们的口才让众人佩服。

这正应了西方的一句俗话：世间有一种途径可以使人很快完成伟业并获得世人的认可，那就是优秀的口才。这句话一点也不假。随着社会的进步，公众表达水平的不断提升，口才逐渐成为一流人才的必备条件。你能力出众又具备了良好的口才，如果能抓住表现自己的机会，说不准就能成为一颗璀璨夺目的新星。

奥巴马从一个普通黑人一跃成为美国政坛闪耀的政治明星，就是因为他的口才成功地显示了他的政治才能。

他在2004年7月民主党全国代表大会上还只是一位默默无闻的州议员。当时，他被推选出来做全党的"基调演讲"，阐述民主党在总统选举中的纲领和政策。就是在这次演讲中，奥巴马一"说"成名。他的演说慷慨激昂，他提出要消除党派和种族分歧、实现"一个美国"的梦想。许多媒体更是把奥巴马的演讲和美国黑人民权运动家马丁·路德·金的《我有一个梦》的著名演讲做比较，很多人因此认识并记住了这张年轻的黑色面孔。两个月后，奥巴马以70%的高票当选为联邦参议员。

由此可见，口才对于一个人的成功起着多么重要的作用。首先，良好的口才、吸引人的谈吐，是你建立理想人际关系的基础。其次，良好的口才是你得到他人理解和支持的桥梁。因为一个人不论从事什么行业，都需要得到他人的理解和支持，让他人理解自己就需要表明自己的观点和思想。再次，好口才可以使你巧妙化解困境。最后，好口才还有可能为你带来发展机遇。只有"口"通达畅顺方谓之"才"，只有让别人将自己定位为"才"，方能身价倍增。当然，成功的人不一定都有好口才，但拥有好的口才绝对有助于成功。比如，中国企业走出国门，走向世界，兼并收购其他国家的企业，涉及的问题复杂而多变，这一切，离得开沟通谈判吗？离得开良好的表达能力吗？此时，那些商务谈判代表、律师等，他们的口才就发挥了一人能敌百万军的作用。

在当今这个时代，随着沟通的广度和深度的日益加深，人们从事任何一个行业都离不开口才。对一个人来说，好口才就是一种立足社会的能力。口才就是竞争力，拥有好口才，就像拥有了成功的砝码。如果你能抓住机会，利用口才一举成名，你的人生就会发生翻天覆地的改变。

怎样才算会说话

如果有人问你，"你会说话吗？"你肯定会很气愤，太小看人了，说话谁不会？谁都知道，在人类的发展历史上，特别是从猿到人的转变中，会说话就是人类区别于动物的一大特征，就是人类之所以从猿一跃到人的一大飞跃。

可是，我们也常常听到身边有人在指责他人："你会说话吗？"这是为什么？是因为这些人没有用恰当的表达方式把自己想说的表达明白，或者是不应该实话实说的时候说实话了，结果把事情搞砸了。

鲁迅在《立论》中曾经讲过这样一个故事：

一家人家生了一个男孩，合家高兴透顶了。满月的时候，抱出来给客人看——大概自然是想得一点好兆头。

一个说："这孩子将来要发财的。"他于是得到一番感谢。

一个说："这孩子将来要做官的。"他于是收回几句恭维。

一个说："这孩子将来是要死的。"他于是得到一顿大家合力的痛打。

虽然死是必然现象，可是在主人万分高兴，想听到许多欢乐、吉祥、喜庆的话语，图个"好兆头"的时刻，居然有个傻得不透气的家伙竟然说"这个孩子将来是要死的"，这种实事求是未免太煞风景了，"于是他得到一顿大家合力的痛打"，也是理所当然。

尽管鲁迅在这篇文章中的寓意不在于此，是讽刺在当时黑暗的时局下，人们要想说实话、说真话是难上加难，可是，把这个故事用在现在生活中的话，先生就是在告诫人们，说话应该审时度势知趣，合乎场景规矩礼数。

有一位中文系毕业的教师，不论在讲台上侃侃而谈还是参加各种活动，他的发言都很精彩。可是，就是这样一位很会说话的人却因说话不到位把应该办成的事情办砸了。

一天，亲戚托他为孩子找一所好点的学校。他一口答应下来："没问题。"本来，自己就是搞教育的，又是省级师范学院毕业，在市属各个学校几乎都有他的同学，让一个学生入学简直易如反掌。于是，在一个晚上，他先去一个自己看好的学校去了解情况，因为他担心自己的老同学总是锦上添花，无法了解该学校的真实情况。

当他来到学校门前时，装作自己就是学生的家长，先和传达室的老头聊了起来。他想从这个最基层的地方了解实情。

可是，没想到的是，当他说完学生的情况后，门卫老头竟然一口拒绝说："像你说的这种情况，我们学校恐怕不会接受。"虽然一个看门老头不能决定学生能否入校，但是让他一口回绝却是有原因的，这位教师说话时没有注意方式，透露出的都是对孩子不利的信息。他在和门卫老头的谈话中说到该学生有些偏科，而且爱打游戏，缺乏自我约束力，因此，头疼无奈的家长才想到让孩子上管理严格的寄宿学校。

尽管这位教师说的都是大实话，可是在门卫老头听来，这孩子有很多缺点，这样的学生很可能是其他学校都不收所以才找到这里的，因此，他自作主张先代表校长发表了意见。

这可是这位自诩为口才好的教师没有想到的，他本来还想说出一番大道理，诸如，没有教育不好的学生，再说小孩子发展空间大，主要是老师的教育方法是否对头；如果学生本身学习好，素质高，还需要老师教育吗？学校如果只接受好学生不是太势利了吗？等等，可是想想，这番道理对门卫老头说又有何用？因此，这位教师很后悔自己没有注意说话的方式。

从这个案例我们可以看出，说话不是自说自话，不是像背课文一样流利干脆、朗朗上口就行；也不是面对学生讲课，只要他们被动地接受就可以；更不是像那种比较专制的家长，居高临下地训斥一番自己的孩子就能达到目的。说话就是平等地沟通，如果不注意对方的态度和感受，有时候，看起来希望很大的事情恐怕也办不成。

在职场上，也有一些不会说话、表达不到位的人。比如，和领导相处时，他们时常会说出一些令领导不快的话。他们对领导说："你辛苦了!"或者"你的做法真让我感动!"这样的话本来应该是领导对于下级说的，一旦由下级对上级说，就像凌驾于上级之上一样，上级焉能心中爽快？还有些人对领导说："这事你不知道! 我知道!"这样的语气太唐突，表达方式太直接，也不太合适。

再如，不经意地对领导说："太晚了!"这句话的意思在领导听来可能是嫌领导的动作太慢，误事了，有明显责备的意味，领导也不会高兴地接受。另外，对领导说："不行是不是？真没劲!"这句话明摆着是对领导的不尊重。这些就是说话不讲方式、表达不恰当的典型表现。这样的人怎能说他们会说话，口才好呢？可想而知，在上级的心目中，会给他们打下怎样的印象分。

　　不论在职场还是在社会交往中，要用语言准确表达出自己的思想又不致让他人产生误解，的确不容易。因此，一定要在口才上提升自己，向那些说话高手学习，把话说到点子上，既不让人产生误解，又能顺利达到自己的目的，这才是真正的会说话。

做一个聊天高手

　　我们知道，生活中很多时刻都离不开口才，口才好的人能把普普通通的话题讲得引人入胜，嘴笨口拙者即使讲的内容很好，让人听起来也索然无味。同样的矛盾和纠纷，其他人束手无策，而那些说话高手几句话也许就能化干戈为玉帛。

　　美国经济大萧条时期，一位女孩非常幸运地在一家高级珠宝店找到了一份售货员的工作。可是，她上班第一天就遇到了珠宝失窃的事情。找不到珠宝，她不但工作保不住，而且还要赔偿一大笔损失，这对家庭条件拮据的女孩来说无疑是雪上加霜。可是，女孩既没有动用全副武装的警察，也没有动用武力征服的保安，而是凭借自己的巧妙语言找到了这颗失窃的珠宝。

　　原来，在女孩营业时，电话铃声响了起来，女孩去接电话，却不小心碰翻了一个碟子，六枚宝石戒指落到地上。她慌忙拾起了五枚，但怎么也找不着第六枚了。就在抬头的一刹那，她看到有个衣衫褴褛的青年正慌张地朝门口走去。女孩立即走过去叫住他说："对不起，先生！"

那位青年转过头来，问道："什么事？"

聪明的女孩没有直接问珠宝的事情，而是神色黯然地说："先生，现在找工作很难，您说是吗？"

青年紧张地看了女孩一眼，不明白她问话的意思，但还是认同地回答："是，确实如此。"

女孩紧接着说："这是我的第一份工作，我相信，如果换成您，您会干得很不错的！"

也许是女孩对青年充满信任和鼓励的话语打动了那位青年，青年说："我相信你也同样可以干得不错。"说着，他把手伸给女孩，"让我先祝福你吧。"

女孩也立即把手伸出来与其相握。就这样，第六颗珠宝失而复得了。

俗话说："不会烧香得罪神，不会说话得罪人。"处世之道，更应该谨言慎行。本来对于这起突发的盗窃案，在通常情况下，人们都会大喊大叫，设法将偷窃者抓住。然而这位手无缚鸡之力的女孩却用自己巧妙的表达方式让小偷归还了窃物，小偷没有当众出丑，她自己也没有受到任何伤害。这样的口才的确让人佩服。像这样的人，可以说是掌握了口才的基本要领和原则，口才不是伤人的利器，更不是自我表演的舞台，而要从尊重对方的前提出发。因此，要做口才高手，就要克服以自我为中心的表演倾向，本着和人们平等沟通的原则。

当然，口才高手也很讲究文采。他们不论是论辩还是演说，都会运用很多联想、修辞、比喻、夸张等手法，通过各种表现形式去打动听众。他们的嘴上功夫甚至达到了"一人之辩，重于九鼎之宝；三寸之舌，强于百万之师"的境界。

秦国使者王稽向秦昭王引荐范雎后，居然没有得到重用。一年来，秦昭王只是为他解决了基本的食宿问题，根本没有打算接见他。在这种情况下，身为辩士的范雎要想建立功业似乎希望渺茫。但是，范雎怎能甘心屈居于此，他要运用自己的口才为自己争得出头的机会。

他细心观察了秦国的形势。原来，当时秦昭王在位已经长达36年，他已经开始厌恶只会动嘴皮子的辩士。可是，范雎要改变秦昭王的偏见，于是上书说："臣听说贤明的君主在治理政务时，能够根据功劳的大小来封赏，根据能力的大小来安排职位。因此，没有能力的人不会久居其位，有能力的人不会被一直埋没。"这些话语的前提是承认秦昭王不会亏待有能力的人。

接下来，范雎结合自己的处境说："大王如果认为臣说得对，那么按照臣的提议一定会把国家治理得更好。"对于这些言语，秦昭王自然不会反对。

可是，怎样能证明范雎这个人有能力、值得重用呢？范雎接下来说："古语说'庸主赏所爱而罚所恶；明主则不然，赏必加于有功，而刑必断于有罪'。首先，我不敢用不成熟的言论来迷惑大王。因为那样的话，刀能够剁烂臣的胸膛，斧头能够斩断臣的腰部，我怎么敢把生命视为儿戏？"

这段话就是为了说明范雎说的话都是正确的，应该引起秦昭王的重视。为了打消秦昭王的疑虑，范雎又说道："即使大王认为臣身份卑微，对生死不怎么在乎，难道大王会容忍受到推荐臣的人的欺骗吗？"

是啊！王稽在秦昭王的心目中有着很重要的地位，如果范雎没有才华，不是证明是王稽欺君，昭王自己也偏听偏信吗？这段话，就把范雎的命运和王稽、秦昭王都联系在了一起，可以说有着"一荣俱荣，一损俱损"的关系。

仅是这么侧面地互相关联还没有达到目的，范雎接下来又运用比喻正面论述人才不能被人马上识别重用的实例。他说："臣听说，周、宋、梁、楚各有美玉，分别是砥厄、结绿、悬黎和和璞。在这四件宝贝刚从土中被挖掘出来时，即使是有名的工匠也无法识别，但它们最终却成了天下名器。既然如此，即使是再圣明的君王，也会白白遗弃胸怀治国安邦之才的贤士。"

秦昭王当然是圣明的君主，而且他还曾量才录用。他可不想做让明珠埋没的人。范雎最后这段话，击中了秦昭王的软肋，因此，他对范雎刮目相看，他要看看范雎有什么治国安邦的良方，故派人把范雎接入朝廷为官，而且还重赏王稽。

范雎的一席话说得谦卑得体、诚实恳切，运用正面侧面的论证和恰当的比喻，打动了秦昭王。

可见，要做一个说话高手，还需要讲究文采，这样才能充分表述自己的想法。想让口才为自己的成功插上腾飞的翅膀，还需要修炼、汲取他人的成功经验。在接下来的章节中，我们将会看到那些口才高手们是怎样运用语言的魅力应付各种场面、征服各种困难的。相信我们可以从中得到口才训练的有益启示。

第二章
提升涵养，让聊天气氛更融洽

有一位学者说过这样的话："如果你能和任何人连续谈上 10 分钟而使对方感兴趣，那你便是一流的沟通高手。"这句话看上去简单，要做到却并不容易，因为"任何人"这个概念范围是很广泛的，也许是工程师、律师、教师或艺术家等等。总之，无论三教九流，各种阶层人物，你能和他谈上 10 分钟使他们感兴趣的话，需要很高的说话涵养，要做到这一点很不容易。

做人有学问，聊天有水平

"工欲善其事，必先利其器"虽是一句老话，至今仍然适用，所以，要想提高自己的说话能力，当务之急是先充实你自己。

一个胸无点墨的人，你当然不能希望他应对如流。学问是一种利器，有了这个宝贝，一切都会迎刃而解。你虽不能对各种专门学问都有精湛的研究，但是对所谓的"常识"却是必须具有的。有了一般"常识"的学问，并且能巧妙地运用，那么应付任何人作 10 分钟的谈话，我想是不难的。

1. 跟随世界的脚步前进

跟随世界的脚步前进，是先充实自己的方法。每天的微博、公众号，闲时可以翻阅一下，这是最低限度的准备工作。如果你想在谈话中让人对你留下深刻印象，世界的动向、国内政治形势、一般经济状况的趋向乃至科学界的新发明、新发现和世界所注目的地方或新闻人物，以及艺术名作、流行思潮的转变、电影戏剧新作品的内容等等，都可以从电视、专业自媒体中看到。

你不能对每一种人都谈同样一件事情，一个研究科学的通常不会对做生意产生兴趣，同样，对一个生意人谈哲学的大道理，他也一定没有兴趣。这里有一则小笑话：某君以口才见长，有人向他求教有什么诀窍，他说："很简单，看他是什么人，就跟他说什么话。例如遇到屠夫就谈猪肉；看见厨师就谈烹调。"那位求教的人问道："如果屠夫和厨师都在座，你谈些什么呢？"他说："我谈三明治。"由上面的故事可知，为了要应付社会上形形色色的人们，你就得要具备多方面的知识。

如果你能做到这一点，那么应付各种人物自然胜任愉快。虽非样样专长，但运用全在你自己。你不懂法律吗？但遇到律师你不妨和他谈最近发生的某件案子，你提供案情（这是你从可信度高的媒体上读到的），其余的专业法律问题让他说好了。

2. 知识是任何事业的根本

有一家美容院，生意兴隆为当地行业之冠。有人去了解其中的奥秘，店老板坦白地承认，完全是他的美容师在工作时善于和顾客攀谈的原因。但怎样使工作人员善于谈话呢？

"简单得很"，店主人说："我每月把各种报纸杂志都买了回来，规定各职员在每天早上未开始工作前一定要阅读，这样，他们自然就会获得最新鲜的话题，从而博得顾客的欢心也就轻而易举了。"

这是报纸杂志流行时代的案例。现在只要手机在手，天下事应有尽有。当然，其中也难免鱼龙混杂，各种垃圾信息、谣言也不少，这就需要你具备一定的鉴别水准，别拿营销号哪些耸人听闻的文章当知识。

善于运用说话素材

对于谈话的题材和素材，一方面要懂得去吸收，另一方面要懂得去应用。

懂得去运用，即使一句普通的话，也往往会收到惊人的效果。

1. 百扣柴扉十扇开

从前有个教育家，为了要按他自己的理想办一所学校，他发动了他的朋友们去募捐。

开始时，募捐的情形是很困难的。他的一个朋友，打算放弃这项工作，并且引用一句古诗"十扣柴扉九不开"来说明募捐困难的情形。

"十扣柴扉九不开"真是把募捐的困难情形形容得恰到好处。人们听了这句话也是多么灰心泄气啊。

但这位教育家把这句古诗从另外的角度去阐述它，于是，便得到完全相反的效果。

他说："不错，我们现在的情形是'十扣柴扉九不开'，可是这也就是说十扣柴扉有一扇是开的。那么，我们要敲开十扇门，只要努力一点，多敲几十扇门就是了。"

于是他把"十扣柴扉九不开"这句话，改为"百扣柴扉十扇开"，以此来鼓舞他的朋友们，最终完成了募捐建校的任务。

这个例子可以帮助我们学会如何去应用材料，启迪我们的思维，使它灵活起来。

2. 不要把学到东西像背书一样重述

上面谈如何运用材料，你还要注意的是：你可以从读书得到说话的素材，但是，不要把这些东西像背书一样重述出来。

当我们说一句话的时候，我们并不是像背书一样，把记得的话，像鹦鹉学舌一样地重述出来，而是我们要应用这些话来表示我们的看法和态度，这样别人才不会觉得我们是书呆子。

　　你每日所遇见的各种可以作为谈话的题材和资料，绝不仅仅是一种谈话的题材和资料而已。它们的每一件事实、每一句话，都在向你说明些什么，都在向你提供一些对人对事的看法，都在影响你对人生的观点与态度。在你吸收它们的时候，你可能是毫无主见地去吸收；而在你应用它们的时候，你就不应该是毫无目的地去应用。

　　在你吸收它的时候，你是用你的观点和态度去衡量一番。你的耳朵听到一句话，你的心就立刻对它表示了态度：喜欢它或不喜欢它；同意它或是不同意它。

　　同样，在你应用它们的时候，你也必须加入你本人的看法。你对人对事的看法，证明你所认为对的理由，赞美你所认为美的事物，或是驳斥你所认为错误的东西，攻击你认为坏的人物。

　　训练口才与应用口才，也是要看你对整个人生的态度，并没有常例可依循。

选择合适的谈话题材

　　首先，让我们讨论谈话的题材。关于这点，一般人有很深的误解。

　　如果你经常觉得与人谈话很困难，恐怕最主要的原因，就是你对应该讲什么话这个问题有很深的误解。

　　一个最普遍的误解是：以为只有那些最不平凡的事件才是值得谈话的。

当你想与人交谈时，你会在脑子里苦苦地搜索，想找一些怪诞不经的奇闻、惊心动魄的事件，或是令人神经错乱的经历，以及令人兴奋刺激的事情。

当然，这一类事情，一般人都会很感兴趣。能够在谈话的时候讲出如此动听的事，对听的人或是对讲的人，都是一种满足。

可是这一类的事情并不多，一些轰动社会的新闻（例如美国"9·11事件"、中国足球队进入世界杯决赛圈等），不用你来讲，别人也已经听过了。即使你亲身经历过的比较特殊的事件，你也不能拿它到处一讲再讲。还有你在某一个场合很受欢迎的故事，在另外一些人的面前，并不一定会受欢迎。

因此，如果你认为只有那些最不平凡的事情才值得一谈，那你就会经常无话可谈。

其实，人们除了爱听一些奇闻逸事之外，也很愿意和朋友们谈一些关于日常生活中的普通经验，例如，小孩长大了，要选哪一家学校比较好啦；花木被虫子咬了应该买什么样的杀虫剂啦；这个周末有什么好电影看啦；等等。这些都是很好的谈话题材，也都能使谈话双方感兴趣。

所以，当你的脑子里并没有准备好一些奇闻逸事时，你也不必保持缄默。日常生活里充满了可以谈话的题材，只要你关心一切日常生活的事情，就不难找到使大家都有兴趣的谈话题材。

人们还有一种误解，认为必须谈些深奥的、有学问的题材，才能够受人尊敬。有这样误解的人，常常想跟别人谈一些很抽象的哲学理论或是什么高科技的问题。但这些问题，即使你准备得再充分，却也很难找到和你也有同样兴趣的谈话对象。因此，在大多数的场合，你就会觉得无话可说了。

事实上，几乎任何题材都可以是良好的谈话资料。

你可以谈足球、篮球和其他运动。

你可以谈食物，谈饮料或谈天气。

你可以谈生命，谈爱情或谈理想。

你可以谈同情心，谈责任感或谈真理。

你可以谈证券市场，谈所得税或谈流行的服装。

你可以讨论书籍、戏剧、电影、广播的节目，国际上的新闻，或地方上的问题。

你可以交换一下关于某个故事或是某个人物的意见。

你可以复述一下，你在某个杂志上面看到的一篇论文的要点。

……

诸如此类，都是很好的谈话题材。这里只是略举一些以引起你的想象，实际上，谈话题材比这里所提到的何止多上千万倍。

留心自己的声音

当你与别人进行沟通的时候，是否曾经留心过自己的声音呢？你的声音怎样？这是一个必须注意的问题。但这并非苛求你的声音要如同电台播音员那样美妙动听。

嗓子的高低、清浊，人人不同，这与人的身体有关系。身体强健的人，多半会有一个清脆嘹亮的声音。不过嗓子是次要的问题，并不是决定你说话清楚与否的关键。重要的是以下两点。

1. 说话速度是否太快

我们常见许多人说话很快，有的快而清楚，有的快而不清楚，听了以后也不知所云。由于说话太快致使咬字不清，固不足道；即使是说话快而清楚，也不足为法。你虽有说话很快的本领，但听者不一定有听得"快"的本事。说话的目的在于使人全部都了解，否则就是费话。训练你自己，说话时声音要清楚，快慢合宜。说一句，人家就听懂一句，不必再问你。你要明白，陌生的人或地位比你低的人是不大敢一再请你再说一遍的。

2. 说话声音是否太高

在火车里、在嘈杂的公共场所中或者在别人放爆竹的时候，提高声音说话是不得已的，但绝不适合于平时。试想在一个柔和的黄昏，或在舒适的室内，高声说话是多么粗俗与煞风景啊！在客厅里，过高的声音会使主人厌恶；要是在公共场合，高分贝的话语更会令你的同伴感到难堪。除非对方重听，否则，你说话时要记着：对方不是聋人。

诚然，说话时绝对不可太快或太响，你要明白的是不可每个句子都说得太快太响，而是要懂得怎样调节。

抑扬顿挫，这是调节你声音大小强弱的方式。在乐曲里，不是有极快、快、略快、慢、略慢和最慢等的快慢符号吗？不是也有极强、强、渐弱等强弱符号吗？如果你想使自己所说的话也像音乐一般动听，不可忘记在应快时要快，应高时要高，应慢时要慢，应低沉时要低沉。流水般毫无抑扬顿挫的说话方式，是最易使听者疲倦的。

常常留心电视上那些演技精湛的演员，他们说话的神态是你最好的榜样。你必须细细揣摩，这对你叙述一件事情的经过或发表较详细的意见是很有帮助的。

不可忽视神态举止

一位心理学家指出：无声语言所显示的意义要比有声语言多得多，而且深刻。他还对此列出了一个公式：

信息的传递＝7％的言语＋38％的语音＋55％的表情

虽然人们是用语言交谈，用语言传播信息，但语言并不是说话的全部。无论是说话者还是听话者，信息的准确传播和接受，都还得借助双方的表情、姿态、动作等肢体语言。

真正会说话的人，不仅会用嘴说，还会使用各种表情和肢体语言。事实上，肢体语言本来就是人们用来传情达意的一种重要方式，通过眼神、表情、手势或姿态等，就能把自己的心意传达给对方。

事实上，一个人讲与听的过程，是交替使用眼睛和耳朵的过程。根据美国的语言专家研究，人的感觉印象中，有77％来自眼睛，14％来自耳朵，9％来自其他感官。因此，当我们与人交往时，必须十分注意自己的言谈举止和表情是否已经被对方所接受。

有的人一开口就滔滔不绝，但别人却不爱听、听不懂，或者根本不想听。究其原因，问题很可能就出在他的神态举止上。

神情倨傲，会伤害听众的自尊心；态度冷淡，会令听众失去听的兴趣；举止随便，会使听众对你不够重视；表情卑屈，会使听众产生怀疑；动作慌乱，会动摇听众对你的信任感；面容过于严肃，会使听众感到压抑和拘谨……可见，善于说话的人，在一举手、一投足间，都将影响着信息传播的效果。

斟酌遣词用句

说话是指将字、词组合成一定意义的句子，通过声音传递给对方，但是"话"的实体还是字眼本身，下面论述遣词用句的几个原则。

1. 说话要越简洁越好

有些人叙述一件事情，为了卖弄才华，极力地修饰他们的语句，用重复的形容词，或学西方语言独有的倒装句法，或穿插些歇后语、俏皮话，或引用经典、名人语录，使别人往往摸不清他在说些什么。

有人费了很大的精神，却使人抓不住话中要表达的重点，纵使文辞再瑰丽也不足取，这是说话与写文章的不同之处；有人在说话时东拉西扯，缺少组织和系统，也使人有不知所云的感觉。如果你犯了这些毛病，只要在说话时记住要说得简洁扼要就行了。在话未说出口前先打好一个腹稿，然后再按照次序——说出来。

幽默大师林语堂曾戏称：演讲要像女人的裙子，越短越好。不仅演讲如此，说话也是一样，简洁的话语常能让人有意犹未尽、余音绕梁之感。冗长索味的说话不但无趣，还会让人觉得像老太婆的裹脚布，又臭又长、啰啰唆唆，使听者昏昏欲睡。

2. 句子不要重叠使用

有些人会说"为什么？为什么？"答应别人一件事，说一个、最多两个"好"字已经够了，但有些人却说"好好好好……"或是说"再见再见"。其实重叠句子只在特别引人注意或加强力量时才用得着。

3. 同样的词不可用得太多

有一个人解释月球上不可能有生物存在这个问题时，在几分钟内把"从科学上的观点来说"一语运用了二三十次，无论什么新奇可喜的名词，多用便会失去它动人的价值。王尔德说："第一次用花来比喻女人的人是最聪明的人，第二次再用的人便是愚蠢了。"只要是人，谁不喜欢新鲜，我们虽不必拘泥王尔德所说的那样，每说一事就要创造一个新名词，但把一个名词在同一时期中过多地重复使用，会使人厌倦的。

此外，同一个的形容词不可在同时用来形容不同的对象，比如有一位幼儿园教师说故事，说到公主，她说："这公主是很美丽的。"说到太阳，她也说："这太阳是很美丽的。"此外说到高山、小羊、绿草及远山等，也都用"美丽的"三个字来形容。她为什么不用"巍峨""可爱""柔嫩"等词呢？这不更能激发学生的兴趣吗？

4. 要避免口头禅

当一句话成为你的口头禅时，你就很容易被它束缚，以致无论你想说些什么，也不管是否适用，这句话都会脱口而出。此种毛病很容易使人窃笑。你可能爱说"岂有此理"，也许爱说"绝对的"，也许爱说"没问题的"，这些和你所表达的意义毫不配合的口头禅，还是极力避免吧。

5. 杜绝粗陋不雅的字眼

古人云：字为文章的衣冠。我们说：语言为个人学问品格的衣冠。有的人道貌岸然、雍容华贵，不开口说话还好，一开口则满口粗俗话，甚至一些下流话也出了口，使人听了作呕，敬慕之心顿然全消。可惜的是，有些人并非学识品格不好，不过是疏忽大意、不知改正而已。

你可以用幽默有趣的话来表现你的聪明、活泼和风趣，但不可用低级的话来表达，一句不中听的话，会使别人批评你卑劣、轻佻和无知。

6. 少说深奥的名词

粗俗的字句不可用，同样太深奥的名词也不可多用，除非你是在和学者讨论学术上的问题。满口新名词，像"形而上学""第八艺术""一元的""二元的"等名词，即使用得其当，也是不大好的。随便滥用学术上的名词，听不懂的人不知道你在说什么，而且会以为你有意在他面前炫耀你的才学；听得懂的人则觉得你近乎浅薄。

减少沟通误会

纵然只是一句玩笑话，若造成对方的误解，恐怕也会导致意想不到的不快；甚至是一句安慰、犒劳的话，如果对方接受的方式不同，也可能变成误解。因此，在说话之前，一定要考虑对方的状况以及接受的态度。

那么，怎样才能尽量使自己的话不被别人误解呢？

1. 不要随意省略主语

根据现代语法，在一些特殊的语境中是可以省略主语的。但这必须是在交谈双方都明白的基础上，否则随意省略主语，容易造成误解。

一个星期天的上午，在一家商店，一个男青年正在急急忙忙挑帽子，售货员拿了一顶给他。他试了试说："大，大。"

售货员一连给他换了四五种型号的帽子，他都嚷着："大，大。"

售货员生气了："分明是小，你为什么还说大？"

这青年结结巴巴地说："头，头，我说的是头大。"

售货员狠狠地瞪了他一眼，旁边的顾客"扑哧"一声笑了。造成这种狼狈结局的原因就是这位年轻人省略了他陈述的主语"头"。

2. 要注意同音词的使用

同音词就是语音相同而意义不同的词。在口语表达中脱离了字形，所以同音词用得不当就很容易产生误解。如"期终考试"就容易误解为"期中考试"，所以这时，不如把"期终"改为"期末"，就不会造成误解了。

3. 少用文言词和方言词

在与人交谈中，除非有特殊的需要，一般不要用文言词。文言词过多使用，容易造成对方的误解，不利于感情的交流和思想的表达。

有这样一个故事：有个小伙子，年过三十仍没娶妻，他母亲非常着急。后来别人给他介绍了一位姑娘，几天后，他写信告诉母亲："女方爽约。"母亲非常高兴，认为约会是爽快的，逢人就讲儿子有对象了。一年后，母亲要求见见姑娘，儿子才把"爽约"解释清楚。母亲连连责怪儿子话没说清楚，耽误了时间，小伙子也后悔莫及。如果小伙子当初把"爽"字改为"失"字，或许早就有妻子了。

4. 说话时要注意适当的停顿

书面语要借助标点符号把句子断开，以使内容更加具体、准确。在口语中我们常常借助的是停顿，有效地运用停顿可以使你的话明白、动听，减少误解。有些人说起话来速度很快，特别是在激动的时候就不注意停顿了。

一位青年有一次下班途中遇到一群刚看完电视球赛的学生，就问："这场比赛谁赢了？"

有一个学生兴奋地说："中国队大败韩国队获得冠军。"

这位青年迷惑了：到底是中国队大败了韩国队，还是韩国队获得了冠军呢？他又问了另一位学生，才知道是中国队胜了。我们在与人交谈时，一定要注意语句的停顿，使人明白、轻松地听懂你的话。

第三章
言为心声，用真诚赢得信任

在人际交往中，什么样的人受欢迎？是那些见什么人说什么话的人吗？这些人初次见面也许会给人留下八面玲珑的印象。相比之下，说话坦诚的人更能给人留下踏实、稳重、可靠的好印象。因为他们对人真心诚意，从不遮遮掩掩，更不会说一些夸张无用的大话空话。人们通过他们的话语能感到他们待人的真诚。因此，这样的人身上散发着一种难以抗拒的魅力。

真诚最能打动人心

在日常生活中，有些人认为那些能说会道、伶牙俐齿的人才是口才好的人。其实，这是对于口才认识的一个误区。因为无论这个人口才如何了得，若是言不由衷，不是发自内心的，也无法打动人心。

俗话说："言为心声。"如果一个人说得好听却做不到，交往时间长了，人们就会对这个人产生反感。如果一个人心地善良，而且话语总是很坦诚，总能温暖人心，人们就会喜爱他。因此，可以说，真诚也是一种口才的魅力。真诚首先让人们能彼此信任，之后才能进一步达到心与心的交融。

对于全国的广大电视观众来说，朱军这个名字并不陌生，而他主持的《艺术人生》更是备受人们的喜爱。这档谈话类节目没有什么高科技的镜头来点缀修饰，完全是朱军那些动人的话语让人们情不自禁地吐露心声。坦诚让他流露出真情，不仅打动了被采访的人的心，同时也打动了观众的心。

人们可能还记得 2005 年春节晚会朱军和冯巩合说的相声《笑谈人生》。他对冯巩说："你多好啊！回去再晚也有老母亲在等待，回去可以亲热地叫一声妈。"这句话当时感动了很多人，不论是和母亲团聚在一起儿女还是远离母亲客居他乡的游子。对于失去母亲的朱军来说这是肺腑之言，这句话代表的也是所有想拥有母亲厚爱的人的心声。因此，那年的春节晚会后，网上普遍反映对这句话印象最深刻，这句话也最能打动人心。

不论朱军是否适合说相声，不论他的相声演技是否高明，但是他的真诚的话语是很能打动人心的。因为他本身就是一个很真诚并且看重感情的人。

在中央电视台，敬一丹也是一位很受观众喜爱的主持人，她主持的《焦点访谈》不仅能伸张正义，而且话语坦诚亲切、纯朴自然，总能打动人心。

一次，时任总理朱镕基要来《焦点访谈》节目组。领导安排给敬一丹一个任务，让总理为节目组题字。朱镕基总理是最反对领导人题字的，这个任务让敬一丹感觉很为难。但是，敬一丹顺利完成了。她是怎么做到的呢？

这天，当朱总理来到演播室后，大家簇拥在他的周围，七嘴八舌、争先恐后地与总理交谈，演播室里的气氛活跃、和谐。敬一丹感觉这是一个很短暂的、稍纵即逝的时机，于是，她走到朱总理面前说："总理，今天演播室里聚集在您身边的这二十几个人只是《焦点访谈》节目组的十分之一。"

总理听了这话，说："你们这么多人啊！"

敬一丹接着说："是的，他们大多数都在外地为采访而奔波，非常辛苦。他们也非常想到这里来，想跟您有一个直接的交流，但他们以工作为重，今天没能到这里来。"朱总理显然被打动了。他非常喜欢《焦点访谈》的年轻记者们，因为他们不畏艰难，深入基层，挖掘到许多深受老百姓欢迎的题材。这时，敬一丹非常诚恳地说道："您能不能给他们留句话？"这句话虽然说得婉转，但是言辞恳切，既代表了敬一丹他们这些留在节目组的人的心声，也代表了那些在外奔波的记者们的心声。于是，朱总理看了一下敬一丹，接过纸和笔，欣然提笔写下"舆论监督，群众喉舌，政府镜鉴，改革尖兵"16个字。

由此可见，发自内心的真诚的话语才能打动人心。不论是亲朋故交还是初次见面的陌生人，如果你能用得体的话语表达出你的真诚，就能搭建起一座顺畅交往的桥梁。

1952年，艾森豪威尔竞选美国总统，年轻的参议员尼克松则是他的副总统搭档。正当尼克松为竞选四处奔波时，《纽约时报》突然报道尼克松在竞选中秘密受贿的丑闻。

消息一经散布，当时全美国的64家电视台、700多家电台同时将镜头与麦克风对准了尼克松。很明显，能否澄清事实、取得选民认同，此举将是关键。而尼克松万万没有料到，当他走进全国广播公司的录音室之前被告知，他在广播结束后需要提出辞呈。此时，尼克松决定毫无保留地把自己的财务状况全部公之于民。

在演说中，尼克松详细地说明自己的经济状况，他满怀深情地说："我要告诉大家，我太太没有貂皮大衣。还有一件事也应告诉你们，获得提名后，我们确实收到一件礼物！那是得克萨斯州一位不知名的朋友在收音机中听到我们的孩子很想要一只小狗的消息后，从遥远的地方送来一只小狗，我6岁的小女儿很喜欢它。各位，我的家产就是这些，现在，不管别人说什么，我只说明一点，我们要留下这位朋友所送的小狗。"

这次谈话结束后，尼克松自己都没有料到，他这些极富人情味的坦诚的话语最终打动了听众的心。当他走出录音室时，到处都是欢呼声，之后数百万人通过打电话、电报或寄信来赞扬他。而尼克松凭着自己坦诚的话语终于澄清了事实，最终赢得了大批的选票。

不论你从事何种职业，也不论要与什么人交往，真诚都是一种最有感情、最精彩，也最能打动人心的品质。真诚的语言不仅能赢得人心，有时甚至能创造奇迹。因此，有远见卓识的人，都会把真诚视为人际交往的基础。

以诚广交天下客

在社交场合，有些人奉行这句话：赞美是社交成功的通行证。可是，并不是任何赞美的话都能使对方高兴。如果你无根无据、虚情假意地胡乱赞美别人，对方不仅会感到莫名其妙，更会觉得你油嘴滑舌、虚伪透顶。只有坦诚的赞美才能收到好的效果。

坦诚的赞美是发自心灵深处的，当你心中对对方产生了一种认同感，才能促使自己去衷心地赞美，同时也会使对方的心灵发出共鸣。因此，在交际中，要以诚与别人相交。这样，不但能给别人带来快乐，而且也可以顺利地搭建起一座交往的桥梁。

拿破仑曾经出席一个大型的聚会。当时，许多来宾都想借机来认识他。因此，许多人见到拿破仑就笑嘻嘻地迎上前来，一开口就是恭维的话："将军真是神勇非凡！""您对国家贡献十分伟大，如果没有您，我们如何能享受如此幸福的生活"等等。可是，这些话拿破仑听得十分不舒服，因为他是一位非常厌恶虚伪奉承的人。他脸色冷淡，令那些人也不好再说什么，自然更达不到进一步交往的目的。

此时，有位客人走过来敬酒说："将军您最讨厌逢迎巴结的话，今天这个聚会一定使您很难受吧!"拿破仑看着这位客人无可奈何地笑了。

这位客人的一句体恤的话一下子让他和拿破仑的距离拉近了。在整场宴会中，拿破仑和他谈的话虽然不多，但是对他很有好感，因为拿破仑感到遇到了知音。

可见，在社交场合，一句发自内心的真诚体贴的话语远比十句、二十句刻意恭维的话语更能得到他人的认可。因此，要以诚心诚意、诚实的话语来广交天下客。

1955年12月14日，周恩来总理在西花厅接见恢复公民自由权的前特赦战犯溥仪、杜聿明等人。其中一位头发花白的老人曾在黄埔一期政治部当少校科员。当周总理来到他面前时，脱口叫出了他的名字——"曾护清"。

分别30年了，周恩来还记得他的名字，这使老人感动得泪流满面，半晌才说出一句："周先生，我走错了路，对不起你……"在场的11人中，多数亦是黄埔师生，此刻也百感交集，泪流满面。

此时，周恩来动情地说："不怪你们，怪我对你们接近得太少……"这番自责的话语，充满了对他们的宽容，更让他们看到了周恩来一颗坦诚友爱的心。这番情真意切的话语在老黄埔们的心灵中引起了巨大的震动，他们从周恩来的身上了解了共产党对自己的态度，更坚定了他们支持共产党的决心。

不论在政界还是在外交界，不论是在与对手还是与朋友间的相处中，要获得对方的好感和对自己的了解，就必须坦诚相告。话语坦白，态度诚恳，就能增加对方对自己的信赖程度，就能为进一步的交往合作打下良好的基础。

众所周知，在企业中，推销员要让产品在竞争激烈的市场上站稳脚跟，需要广交朋友，赢得客户。可是，推销员与顾客很多情况下都是初次见面，怎样才能让顾客相信自己的产品呢？首先需要搭建信任的桥梁。因为顾客对商品、企业乃至推销员的信任感会影响其购买力。而这种信任感又常常取决于推销员的语言，话语真诚才能给顾客带来信任感。因此，最能推销产品的人并不一定是口若悬河的人，而是善于表达真诚的人。如果不真诚，即便竭尽所能把自己的商品吹得天花乱坠，顾客也会很反感的。相反，当推销员用得体的话语表达出真诚时，即便坦言商品有缺陷，也会赢得顾客的好感和信任。赢得了对方的信任，对方也可能由信赖这个人而信赖他的产品。

在电视台，制片人也担任着类似推销员的任务，需要为节目拉赞助。有的制片人可能都吹捧自己的节目如何好，以此来说服对方。但是，在北京电视台《超级访问》节目担任制片人的李静却反其道而行之。

当《超级访问》节目运作近一年后，李静通过朋友拿到了大红鹰集团总裁的电话，希望他们能冠名。但是，李静没有客套寒暄，也没有拐弯抹角，而是实事求是地说："我们现在没有什么广告，我也不会拉广告，但是您给我冠名，我保证您受益，不会后悔。"结果，她的坦诚和直率打动了大红鹰集团的总裁，最后双方很快签约，由此诞生了《大红鹰超级访问》节目。

当人们佩服李静高级的公关手段时，李静很平静地说："其实所谓口才，就是把自己内心最真实的想法用语言表述出来。特别是在谈话类节目的采访过程中，你说出来的话，一定是最真实、朴实的话。哪怕有些不当之处，大家也会理解你的。千万不要把真实的自我隐藏起来。"李静发自肺腑的一番话也许就是她的成功秘籍。坦诚就是信誉，只有在互利互惠的基础上建立信誉，才是最可靠的长期投资。

在任何行业，要干一番事业就需要众人拾柴，广交朋友。朋友相处，贵在真诚。因此，不管目前市场竞争多么激烈，需要运用多少手段和方法，"以诚相待、以心换心"是对待朋友、对待公众的基本原则。以真诚的态度对待他们，树立起以诚为本的正确导向是成功的起点。

精诚所至，金石为开

"精诚所至，金石为开。"只要诚心诚意地去做，什么疑难问题都能解决。

有位书记就用"精诚"留住了人才。

20世纪90年代初，深圳、广东、珠海、海南等开发热一浪高过一浪，全国各行各业，有先知先觉的人都到南方淘金去了。有个大学生也想到南方去，因为当时厂里的工资太低了。因此，他进厂不久后就偷偷跑到南方打工去了。

在南方，他见识了十分自由开放的人才使用政策，过了一段时间，他回厂里准备取走档案，正好碰见了厂党委书记。这下，小伙子认为书记肯定要批评他几个月没上班的事了，说不定调动还要告吹，他忐忑不安地等待着。可是，出乎他的意料，书记却十分坦诚地说："从国家大局讲，人才流动是大趋势，你走是对的。我们这儿收入低，我也没有关心到你们，这是我的失职。"小伙子没想到书记这样通情达理，一颗悬着的心放了下来。

接下来，书记把小伙子邀请到自己的办公室，说道："我像你这个年龄也有这样的想法，可以理解。但是，你毕竟在我们企业待过，走之前还是希望你对企业多少了解一点。"紧接着，书记把个人的经历、企业的坎坷讲了一遍。小伙子这才知道书记竟然是清华大学的毕业生。只是因为他当时看到工人们任劳任怨的干劲和厂长经营的辛苦，被打动了，才选择留了下来。而且，小伙子也是他点名要来的，为的是给厂里增加新鲜血液。

书记的一席话，使小伙子看到了书记对自己的深情厚爱，也明白了书记挽留自己的良苦用心。于是，他放弃了去南方的打算，而后，他努力工作，每年都能为企业创造 2000 多万元的效益。这正是书记的"诚心"带给他的动力。

可见，精诚所至，金石的确能开。

有一男子持刀劫持人质，某公安局派一名有经验的干警与嫌疑人谈判。谁知，他刚一敲门，嫌疑人就紧张地怒吼："你给我走开，我不需要你们。"

警察："希望你能配合我们的工作，只要你放了人质，有什么要求，我们会满足你的。"

嫌疑人："少来这套，你们总是说话不算数，等我放了人质，你们就变卦了。"

警察："可是，如果你不配合我们，你就要坐牢，你不考虑自己，还不考虑你爸妈吗？你忍心把你年迈的父亲和母亲扔下吗？你那一双那么好的儿女，你也不管他们了？"

嫌疑人情绪激动："不管了！我谁也管不了！"

警察："你小时候摔倒了，你爸妈没有搀扶你吗？他们也是说'不管你'吗？"

嫌疑人没有吱声，显然被打动了。警察紧接着又说："你原来可是远近有名的好孩子，不值得为一点小事大动肝火。我之所以帮你，是因为我看出来了你不是坏人。对不？"

这时，嫌疑人看着警察的一双眼，他从警察的眼中看到了这些话确实是出于真心，他有些动摇了。

警察："把门打开吧，有事慢慢说。我没有带枪，也绝对不会伤害你。"嫌疑人终于将门打开。

"唉，说了半天，渴坏了吧，喝点水吧。"警察边说边向前坐了坐，趁机对嫌疑人说："孩子老人以后还得靠你啊。把刀给我行不行？我保证你可以得到从轻处理。"警察发现自己的话深深地打动了嫌疑人，便把水递过去，顺势将刀拿了过来。

在这个案例中，警察的话语很坦诚，他不是用一番大道理来说服嫌疑人，而是先让嫌疑人为自己的父母儿女考虑。当嫌疑人拒绝这些理由后，警察又质问他："你小时候摔倒了，你爸妈没有搀扶你吗？他们也是说，不管你吗？"一句话说到了嫌疑人的痛处。父母对儿女的爱总是无私的，那么，儿女为什么要抛弃父母，不承担自己应尽的责任呢？

接下来，警察又告诉嫌疑人"我之所以帮你，是因为我看出来了你不是坏人。"这句话足以令嫌疑人震撼。连警察都如此相信自已，实在没必要破罐子破摔。

警察所说的这些话没有一点花言巧语，句句是真情实理、肺腑之言。因此，嫌疑人最后被打动了。

由此可见，不论在什么不利的情况下，如果能以一颗坦诚、包容的心好好地用真诚的话语与对方交流，也许就能峰回路转，最终得到好的结果。

坦诚沟通，消除误会

松下事业刚刚起步时，为了推广一种新型照明灯，希望合伙伙伴免费为他提供 1 万个新型的干电池来配合。对此，合伙伙伴当然感到惊讶。他问松下："你说什么，1 万个，而且是免费的？松下先生，我不太明白您的意思。"

松下想到对方误会自己了，担心自己的偿还能力，于是说出了自己的理由："先生，最近我发明了一种照明灯，很实用而且也有发展潜力。可是，我能力有限，如果一个个地慢慢卖，不如将这 1 万个当作样品分发下去。因此，我真诚地希望您能配合我。"

对方听后说道："你这个想法的确是挺伟大的，可是，我也是小本生意，利润微薄，你也知道的。"

松下明白对方还是担心他给不了现钱，于是进一步解释道："我不会毫无缘由白拿您 1 万个干电池。我保证一年之内把 20 万个干电池卖出去，所以请您先送给我 1 万个。如果卖不了 20 万个，您就按规矩收钱。"为了打消他们的疑虑，松下接着解释说："现在我 30 岁，正年轻呢，即便亏损了也有机会弥补。我事业发展起来，一定不会忘记你们对我的帮助的。"

松下既坦率地说明了自己的难处，又为对方考虑，不论输赢都不让对方承担风险。这时，对方终于明白了他的意思，露出笑脸说："年轻人，好好干吧。你若是能够在一年之内卖掉 20 万个，这 1 万个我就免费送给你。"

松下没想到对方不但通情达理，而且还反过来鼓励自己，于是马上就将新产品投向市场进行试用。大获成功后，松下的事业迈入了新的台阶。

在事业的打拼中，离不开他人的支持合作，特别是当你的要求他人不理解、产生误会时，一定要坦诚向对方说明理由，千万不能为了达到自己的目的暂时蒙骗对方。那样，即便自己一时计谋得逞却会落下不良的口碑，不利于以后的发展。只有坦诚地说出自己的想法、自己的苦衷，得到他人的理解，才能赢得他人的支持。

同样，在职场中，当你和上司之间发生了误会时，你更需要及时、坦诚地告诉上司自己的想法，因为上司可能不会主动找你沟通。

小孙一直兢兢业业地工作，从来也没请过假。可是，上司开会时很明确地说："在同来的几个员工中，只有小李的工作态度好，尤其难能可贵的是他非常注意细节。"

小孙听了感觉非常委屈，自己也做出了很多成绩，难道上司都没有看到？却抓住细节不放？因为小孙有两次正好吃着早点进办公室被上司看到。还有一次，因为工作忙他忘记关复印机电源了。可是，上司只看到他吃着早点来上班，却没有看见他晚上加班到深夜……于是，他想，应该好好和上司谈一下了。

会后的一天，小孙来到上司的办公室。他汇报完工作后问："您认为我的工作表现如何？"上司想了想："你的成绩很突出，但是经常不注意细节。"

小孙坦诚地说："我本来认为，作为一名员工，只要干好工作，做出成绩来就可以了，一些芝麻一样的细节问题没有这么严重。没想到，恰恰在这方面，我们发生了分歧。"

"唔，原来你这么想"，上司明白了小孙的看法后说，"我以前也曾这样想过，但是事实已经证明不注意细节让我吃了大亏，公司和客户都因此受到了损失。"接下来，上司又向小孙讲出自己因为在雪糕包装时没有认真检查装进了一个苍蝇而使企业品牌遭受影响的事情。小孙终于明白了上司对自己的用心，是为了让自己吸取他的教训，不败在细节上。

不论在上下级之间还是与客户、合作伙伴之间，都需要沟通。沟通无处不在。要沟通就需要用坦诚的话语表达出自己的真实想法，不用担心因此而破坏了彼此的交情。其实，理是越说越明。不沟通，小误会也会产生大分歧。

有这样的一个客户，他生意做得很大，因此，企业都得有求于他。可是，有个企业偏偏没有答应他的某些要求，因此，该企业的推销员去拜访时常常会被他骂。对此，推销员为了不得罪这位"大爷"，便忍气吞声。

这次，轮到了小贾的头上。他刚进门自我介绍完之后，就被对方骂了一通："你们公司的人都是一群废物！废物！废物！还来干什么？"

小贾一下子愣住了！不知道自己为什么无端遭此辱骂。但是，小贾觉得为了公司的形象，为了个人的尊严，他有义务驳斥一下。因此，他平静而有力地说："××经理，我知道您对我们公司有些误会，可是，我是礼节性拜访，您不应该这样对待我。更何况您现在还在做我们的产品，这说明还是赚钱的！有问题可以说出来，我们一起商量，这才有解决问题的可能！"

听到小贾这番真诚的话语，再看看小贾心平气和的态度，这位经理感觉自己有些过分了，因此主动道了歉。之后他将抱怨的原因全部说了出来。小贾帮他分析原因后商量出了解决问题的办法。后来，他们也成了好朋友。

在人和人的交往中，由于背景、身世、风俗习惯、所受教育等的不同，难免会产生一些误会。这些误会不仅在社会上有，在家庭中也会存在。如果不及时坦诚沟通，只会产生更多误会。因此，当你发现自己与他人之间有一定的隔阂或误会时，就要与他们坦诚沟通，及早消除误会，这样就会避免产生一些不必要的摩擦和纠纷。

赔礼道歉要表现出真诚

不论在社会上与人交往还是在面向客户的服务中，谁都会做错事，向他人赔礼道歉是避免不了的，如果赔礼道歉敷衍塞责、油腔滑调，就会让人感觉没有诚意。有时，反而会激化矛盾。因此，赔礼道歉一定要表现出自己的真诚。真诚不但可以赢得他人的依赖，在危急时刻还可以化干戈为玉帛。

一次，有位顾客在喝酸奶时，从吸管里吸出了一小块玻璃碴儿，于是怒气冲冲地去牛奶公司投诉。他直冲经理办公室，张口就说："你们只顾赚钱，难道不顾别人的死活吗？"

可是，正在办公的经理并没有因这些刺耳的话而恼怒，他先安抚好这位顾客的情绪，并请他慢慢地细说事情的经过。最后经理关切地问："啊，真对不起，那碎玻璃碴儿伤着您没有？"当他听说没伤着才转忧为喜，同时又自责地说："那真是不幸中之大幸！如果不是您，而是老人尤其是孩子喝了这瓶酸奶的话，后果就真的不堪设想了！为了弥补给您造成的惊吓，我们免费送您一箱酸奶。我代表员工向你赔礼道歉。"说完，经理郑重地弯下身子向顾客鞠了一躬。

这位顾客看到经理先关心自己的态度，和自己丝毫不做作，也不找理由辩解，而是真诚地向自己鞠躬的行为，反而被打动了。因此，怒火先消了一半。他想，其实这家公司是始终把顾客放在心里的，也许是因为偶尔的失误才会发生这样的事。看他们经理的态度，不像是不负责任的人。这样想后，他也不再埋怨这家公司了。

真诚地向对方道歉，并主动承担责任，一般情况下，总能得到别人的谅解。诚挚的歉意不仅可以弥补破裂的关系，而且还可以促进彼此心理上的沟通，从而增进感情，使双方关系变得更为牢固。因此，认错、道歉要真心实意，不必找客观原因做过多的辩解。如果真的是有非解释不可的客观原因，也最好将其安排在诚恳道歉后稍作解释，而不要一开口就辩解不休。

那么，怎样的道歉才算是诚心诚意呢？

1. 语气温和

既然是赔礼道歉，语气和声调一定要温和，不能声音太高，似乎自己有理一样。这样对方会感觉你没诚意。当然，也不必低声下气。用温和的语气和适合的声调表达出自己的诚意和歉意，对方才会容易接受。

2. 注意说话方式

有些人在赔礼道歉时总爱说"不就是赔礼道歉，说句对不起就行了吗？"这种方式似乎是在挑衅对方。对方是否能接受你的赔礼道歉，决定权在他们手中，不是你自己说了算的。因此一定要注意你的说话方式。

3. 态度坦诚

道歉既不能模棱两可，也不能不着边际、躲躲闪闪，找这样那样的借口，那样，别人不仅不会接受你的道歉，反而还会认为你这个人非常虚伪，从而对你更加反感。例如，因为变幻无常的天气原因给对方造成一定的麻烦时，如果你只强调客观原因，对方嘴上不说心里可能也会对你有所抱怨。

当然，道歉也不能把错误全部往自己身上揽。要实事求是，应该自己承担的责任就不要推卸，不该自己承担的也没必要替他人承担。

另外，如果你求人办事，对方已经尽了全力，然而因受多方面条件的限制，事情最终没能办成时，你也要发自内心地表达自己的歉意。因为也许是你要求太高让对方为难了。这样做，给了对方充足的面子，即使自己下次再开口，对方能办的事也会帮你。

在繁杂的人际交往中，赔礼道歉也是其中的重要环节，要把这个环节做好，关键要表现出你的真诚，让你的真诚帮助你获得别人的理解和谅解。

谎言让人失去信任

很多时候，口才的魅力并不在于你说得多么流畅，多么的滔滔不绝，而在于你是否善于表达真诚！你只要能用真诚、坦率的话语真实地表达出自己的感受，对方就会对你有较好的印象，否则再伶牙俐齿也是枉然。

在人才竞争激烈的求职场上，要找到一份满意的工作并不容易，因此，有些人便想尽办法用各种谎言为自己贴金。在他们看来，用人单位对自己不了解，不会明白真相。因此在面试时花言巧语，说得天花乱坠，只求把主考官蒙骗过去。也许谎言能让他们暂时得到工作，但终究禁不住时间的考验，最终会永远失去对方对他们的信任。

小孟本来是一个省级非重点大学的本科生，但是她在北京求职时把自己的简历改成了东北某全国重点大学的硕士生。在小孟看来，在北京这样人才济济的大都市，本科生没有太大的竞争力。

凭借着出色的简历，小孟得到了面试的机会。她抓住这个宝贵的机会，尽量展现自己的优秀，说自己"熟练操作 Word、Execel……"于是凭着出色的口才和个人形象，小孟从众多的竞争对手中脱颖而出。小孟应聘的是北京某大型企业的办公室秘书的岗位，当然离不开办公软件的应用。但小孟平时只是上网，连表格都不会制作，至于文秘工作更是知之甚少。她想先得到这个岗位，业余时间可以再学习所需的相关知识。

但是，仅仅不到半个月时间，办公室主任便发现了小孟的缺陷。这天，办公室主任要求小孟起草一份项目书，并且数字部分用表格标注，打印出来。可是，小孟忙了一天还没有眉目。于是，第二天，人力资源部主管就把她叫到了办公室里，对她说："孟小姐，你的简历上说熟练操作 Word，为什么连普通的表格制作都不会呢？而且堂堂的中文硕士居然写了这么多错别字。"小孟听到这里，脸上一阵红一阵白。

为了缓解尴尬，人力资源部主管又说："本来，我们可以考虑安排你去其他岗位，可是，你居然说谎，任何一个岗位都不需要这样的员工。希望你以后再找工作的时候能学会诚实。"

小孟的故事说明，谎言带来的只能是别人对你的鄙视与不信任，同时，谎言也是不尊重对方的表现，会让你的形象和人品也大打折扣。如果一个人在语言上不遵循"诚实"的原则，轻则影响个人的形象和声誉，重则危及组织的前途和生存。因此，每个公司都希望员工具备诚实的品质。

有时，为了试探未来的员工是否诚实，某些公司在招聘面试时会假设一些不可能办到的事情或情景。对此，有的人唯恐求职失败，会用尽各种巧妙的语言极力掩饰自己，表现自己的无所不能。而结果往往是那些真诚、坦率的人最后胜出。

当年，戴尔·卡耐基在应征国际函授学校丹佛分校销售员的工作时就遇到了一个难以回答的问题。负责面试的经理约翰·艾兰奇先生看着眼前这位身材瘦弱、脸色苍白、丝毫显示不出有特别销售魅力的年轻人，提出了一个十分棘手的问题："年轻人，听说你要应聘销售员。那好，我们公司现在有打印机需要销售，请问你能用什么办法把它推销给农场主呢？"

卡耐基一听，确实愣住了。在当时的条件下，农场主还没有发展到现代化办公的地步，他们也不是智障，谁会甘心情愿去买又贵又根本不需要的东西呢？可是，自己应聘的是推销员，如果连一台打印机都推销不出去，怎么能证明自己适合这个岗位呢？

但是，卡耐基想想自己确实没有这个能力，因此有点泄气地回答："抱歉，先生，我没办法把这种产品推销给农场主，因为他们根本就不需要。"

谁知，艾兰奇先生听后高兴地从椅子上站起来，走过来拍拍戴尔的肩膀说："很好，你通过了，好好干，年轻人，你会成为一名出色的推销员的。"

原来，在众多面试者中，唯有卡耐基对这个问题的回答令他满意。以前的应征者总是胡乱编造一些办法，唯恐面试官小看他们，但实际上根本就行不通，因为农场主没有这个需求。而卡耐基与众不同，他坦诚地说出了真心话，既表现出了自己的诚实，也表现出了对工作负责任的态度。用这样的推销员，老板放心，企业放心，客户也会放心，有了信任才有进一步交往的可能。

由此可见，不论在工作中还是在日常生活中，诚实都是一个人必备的品质。友谊和信赖是要靠真诚来换取的，如果只图眼前利益，失去了他人的信赖，就不可能有长远的发展，真诚的人却总能适时地为自己赢得机遇。

第四章
表述生动，每一句话都熠熠生辉

聊天时，若是遇上说话干巴巴的人，互动的齿轮很难润滑运转。

那些说话生动形象的人，如同在齿轮上滴了机油，互动的齿轮瞬间就平滑运转。字词是死的，但在说话的时候，我们可以将人物、事情、景物活生生地描述出来，以给人一种亲切感。这样说话，别人才更愿意听，也能听得清楚明白。

擦亮词汇比擦亮皮鞋重要

我们，你，我和这个世界只以四种方式接触。旁人是根据四件事情评估我们，并将我们分类：我们做什么，我们看起来是什么样子，我们说些什么，我们怎么说。而言谈占了其中的二分之一。我们的言谈随时会被别人当成判断我们的依据。我们说的话可以显示我们的修养程度；它能让听者知道我们究竟是出自什么样的家庭；它们是教育和文化的证明。

如果一个人为了社交特地擦亮了皮鞋，穿上一尘不染的漂亮衣服，企图维持自己的自尊以争取旁人对他的尊敬，但他却不企图擦亮他的词汇并说出毫无瑕疵的句子，等于不断而且正确地向这个世界宣布，他不是个真正有文化修养的人。

艾略特博士在担任哈佛大学校长 30 多年之后宣称："我认为，在一位淑女与绅士的教育中，只有一项必修的心理技能，那就是正确而优雅地使用他（她）的本国语言。"这是一句意义深远的声明，值得我们深思。我们如何才能和语言发生亲密的关系，以美丽且正确的方式把它们说出来呢？很幸运，我们所使用的方法没有任何神秘之处，也没有任何障眼法，这个方法是公开的秘密。让自己的头脑接受文学的洗礼。林肯使用这个方法获得了惊人的成就，他可以把柏思斯、拜伦、布朗定的诗集整本背诵出来。当他进入白宫之后，内战的悲剧负担消磨了他的精力，在他的脸上刻下深深的皱纹，但他仍然经常抽空拿本英国诗人胡德的诗集躺在床上翻阅。有时候他在深夜醒来，随手翻开这本诗集，会凑巧看到能够特别启示他或令他感到高兴的一些诗句。他在白宫时，也会抽空反复地看他早已背熟了的莎士比亚名著。罗宾森在他的著作《林肯的文学修养》一书中写道："这位自修成功的人物，用真正的文化素材把他的思想包扎起来，可以称之为天才或天子，这个方法就是他永不停止地研究与学习。"

在这个世界上，全新的事物实在太少了，即使是伟大的演说者，也要借助阅读的灵感，求助来自书本的资料。

书本，就是成功的秘诀。想要增加及扩大文字储存量的人，必须经常让自己的头脑接受文学的洗礼。英国著名演说家福克斯高声朗诵莎士比亚著作，以改进他的风格。古希腊著名演说家及政治家狄摩西尼斯亲笔抄写了历史学家修西底斯的历史著作八次之多。英国桂冠诗人但尼生每天研究《圣经》，大文豪托尔斯泰把《新约福音》读了又读，最后可以长篇背诵下来。

"清水出芙蓉，天然去雕饰。"朴实无华的语言是真诚心灵的表露，是美好情感的折光，因此，常常有着巨大的感染力。1986年春节，在中央电视台《体育晚会》节目中，记者向当时的女排队员郎平提问："得了冠军之后，你是怎么想的？"郎平不假思索地回答："我想最好能睡三天觉！"这朴素的答话既出人意料，又在情理之中，虽然不是什么豪言壮语，却博得一片热烈赞许的掌声和笑声。郎平的答记者问之所以震撼人们的心灵，正是由于它极其自然地令人联想到，女排姑娘们为赢得荣誉而付出的大量汗水和无比艰辛。试想一下，如果"想睡觉"这几个字是从一个无所事事的庸人口中说出，除了让人反胃，哪里还会有什么美感可言呢？因此，朴素的魅力首先在于它丰富的内涵。

当然，朴素美并不排斥对口语进行必要的加工，语言的锤炼任何时候都是必要的。语言的朴素美，实际上是经过许多有形、无形的提炼加工而呈现出的一种"大巧若拙"的美，是一种让人听来舒畅自然而又韵味深长之美。

语言的朴素美来自朴素的处世态度，话如其人，言为心声，平时为人处世真诚质朴，说话也不会忸怩作态。"其行也正，其言也质。"以真诚的态度为人，永远是语言朴素美的前提。

语言的朴素美贵在保持个性。话该怎么说就怎么说，或严肃、或幽默、或直率、或委婉，只要出口，皆发自本心，保持本色。

将自己投注到演讲中，集中全副心神对听众造成心理与感情的冲击。

音调的转变调节，其实直接受我们精神和情绪状态的影响，同时，你的声音状态也会影响听众的精神和情绪。所以，一个成功的演说家要使自己的讲演对听众造成心理与感情上的冲击，就必须通过不断变化声音的方式，来使你的表达更为生动、强劲，富于弹性。

（1）强调重要的要点，不重要的跳过去。

在日常谈话中，我们只对重要的字加强语气，对其他字则匆匆跳过去。对整个句子也是这么处理，好让一些重要的字凸显出来。

（2）改变你的声调。

我们与人交谈时，声音从高到低，然后又回头高高低低地重复下去一直不停，且永远像大海那样起伏不定。为什么？没有人知道，也没有人关心。但这种方式令人感觉愉快，而且也是一种很自然的方式。

（3）调整说话的速度。

小孩子说话的时候，或是我们平常与人交谈时，总是不停地更改我们说活的速度。这种方式令人听了很愉快、很自然，不会令人有奇怪的感觉，而且具有强调的作用。事实上，这还是把某项要点很突出地强调出来的最好的方法。

（4）在要点前后要停顿一下。

林肯经常在谈话途中停顿。当他说到一项要点，而且希望他的听众在头脑中留下极其深刻的印象时，他会倾身向前，直接望着对方的眼睛，足足有一分钟之久，但却一句话也不说。这样突然而来的沉默，和突然而来的嘈杂声有相同的效果：能够吸引人们的注意力。这样做，会使得每个人提高注意力警觉起来，注意倾听对方下一句说些什么。

到生活和书籍中去挖掘交谈的内容。与人进行谈话之前必须要有心理准备，并预备一些知识性的话题，这是相当重要的事情。

话题的准备不妨以自己身边的见闻、经历或体验作为素材，或者收集一些你感到"还不错的"资料，将其经常记在脑海里，再根据谈话的不同时机或气氛，适当地运用这些话题。

把自己感动的事物当成话题容易使对方产生良好的印象。然而，好故事的题材并不是处处都有，它与个人的日常生活态度息息相关。平日多花些心思关注你身边的事物才能增长见闻，丰富谈话内容。

近年来，"速成"已成为最新流行的学习方式，倘若一味存有这样的侥幸心理，极易造成对事物的曲解。因为，对任何事物要求了解真相，是作为现代人最应注意的事，至于那些只要稍具或徒具某种知识的人，其实无异于是个积累符号的机器。因此，一旦你希望成为一个具有"涵养"的人，即使对与己无关的事物，也应有相当的关注，并设法学习和了解才是。

"知识就是力量"，这句名言对于充实你的言谈内容同样适用。

关心你周围的人和同事们聊天时的话题，巧妙地向他人打听消息，的确能满足好奇心与增加知识，但从他人口中得知的消息，毕竟不同于自己亲身所见所闻。二手资料的获得乃是被动地吸收知识，当然不如第一手资料来得新鲜、丰富。现代社会是一个资讯社会，各种资讯环绕在我们身旁，每个人不经意间也能获得足够的资讯，但对于每一个个人，则需要以积极的态度去了解和行动，否则很难达到建立良好人际关系的目的。想要了解"人"，却不主动收集资料，缺乏这份好奇心，便会离目标越来越远。

因此，重视人际关系，即对人们所关心的事物有某种程度的好奇心，就是了解"人"的最好途径。在公司里切莫只知埋头苦干，有时听听同事们最近的话题是什么，注意一下今天谁请假了，使这些琐碎的信息都成为你了解周围环境与同事的媒介。但不要有先入为主的偏见，以一颗富有弹性、开放的心来思考资讯，相信对你的工作和人际关系大有裨益。好奇心正是人们创造世界的原动力。

宁可闭嘴，也不空洞地说教

有一句古诗说得好："问渠哪得清如许，为有源头活水来。"这里的"源头活水"强调的也是说话要有内容。在工作和生活中，我们都喜欢那种花最短的时间，讲出最多信息的人，却不喜欢长篇累牍，让人听得一头雾水，却不知所云的人。然而在这个社会上，后者却不在少数。

某公司一位项目经理，由于其部门在生产中出了一些小问题，导致没有按质按量地完成上级下达的任务，于是他召集部门人员开会。他在讲话时，没有去分析和探讨生产中出现的那些小问题，却"高屋建瓴"般地滔滔不绝，先从国际形势谈起，再谈国内形势，进而将整个工厂、集团和系统的形势统统分析了一遍，夸夸其谈了快两个小时，还没进入主题。其实问题很简单，之所以没按时完成任务，主要是因为在生产过程中有两道工序间的衔接出现了问题，只要进一步明确权责就好了。按理整个过程用不了 10分钟，结果却被项目经理大而化之地人为复杂化了。

这位项目经理的空洞说教具有普遍性，在我们的生活中大有类似的人在，值得我们引以为戒。我们在各种场合讲话的时候，一定要言简意赅，摆事实，讲道理，条清缕晰地阐明自己的观点。千万别学上面那个项目经理，一味空洞说教，浪费自己时间的同时，也浪费了别人的时间。

所以，在任何场合，说话要言之有物，否则便应少说。要说，则说自己经历过的感慨之话，说心灵深处衷心之话，说自己有把握的话，说能够启迪人的话，说能警诫人的话，说能教育人的话，说能温暖人的话，说能为人解忧解苦的话。自己没有把握的话不要说，言不由衷的话不要说，伤人的话不要说，无中生有的话不要说，造谣中伤的话不要说，恶言恶语不要说，粗言秽语不要说。

在日常生活中要掌握好说话的量，在一些特殊的场合更要注意做到言简意赅，不要夸夸其谈，滔滔不绝。

据说，苏格拉底曾经用"三个筛子"的理论教育他的学生：

有一天，苏格拉底的一位学生兴冲冲地跑来对他说："老师，告诉您一件您绝对想不到的事。"学生以为老师也会迫不及待地问什么事，没想到苏格拉底竟然毫不留情地制止了他："请等一下，你想讲的这件事，用三个筛子过滤了吗？"

学生不解地摇了摇头。

苏格拉底继续说："当你准备向一个人讲述一件事情的时候，一定先用三个筛子过滤一遍。这第一个筛子是'真实'，你能确保这件事情的真实性吗？"学生惭愧地说："这件事我是道听途说的，大家都这么说，所以我想到要来告诉您，但是不能确定它一定是真实的。"

苏格拉底继续说："那就应该用第二个筛子去筛查，这件事是善意的吗？""不是，正好相反，充满了恶意。"学生愈加羞愧难当。

苏格拉底依然不厌其烦地讲道："那么，再用第三个筛子分析一下，这件事是重要的吗？""也谈不上很重要。"学生的头完全垂了下来。

苏格拉底这时候才语重心长地说："既然这件事情并不主要，也不是出于善意，更不知道它的真假，那又何必说呢？说了只会造成我们彼此的困扰罢了。"

学生使劲地点了点头，牢牢记住了老师的话，以后再也不敢这样冒失和不懂事了。

苏格拉底"三个筛子"的理论中，真实性也好，善意也好，重要性也罢，其实都是在强调讲话要有内容，如果一件事是编造出来的，讲话者是不怀好意的，或者内容是鸡毛蒜皮的没有重要性可言的小事，那么即使情节再生动曲折，也不应该讲出来。可见在古希腊时期，人们就开始注重说话要有实实在在的内容了。

我们平时讲话时，经常觉得自己或别人的说话缺乏内容，显得空洞，不容易记住，一说就忘了，为什么呢？就是因为"言之无物"，显得干巴巴的。言之无物，给人的特点是：

（1）内容空乏，无实质性的东西，全篇空洞说教，使人昏昏欲睡；

（2）缺乏形象性，没有重点，听后容易忘记，记不住其中的内容；

（3）不生动，没有强烈的时境感；

（4）没有真实感，举事例也会显得苍白无力。

如何让我们的讲话言之有物，从而杜绝空洞的说教呢？有人总结了下面几条，值得我们借鉴：

（1）知道的才说；

（2）实话实说；

（3）有用的才说。

语言要有时境感，忌干巴巴

人每天都在说话，也在听别人说话。如果说的话干巴巴，一点生气也没有，谁爱听呢？所以，话要说得生动、形象。这样，别人不但听得明白，还会乐于与你交往。

什么是生动？字典里是这样解释的，具有活力能感动人的就是生动。字词是死的，可是这里所描述的人物、事情、景物却是活生生的，叫人听起来觉得亲切，觉得有味道，这样的话就是生动的，别人就爱听。

在生活中，有些事情和道理，你如果直接说出来，会很笼统，很抽象，但只要打一个比方，就会变得具体而形象。鲁迅先生就很会说这种话。

那时候，有些青年一遇上故作深沉的学者，就被吓倒了，自惭浅薄。鲁迅就鼓励他们说："一条小溪，明澈见底，即使水浅，但却浅得澄清，倘是烂泥塘，谁知道它到底是深是浅呢？也许还是浅点好。"就是这样一个比喻，鲁迅就肯定了青年纯洁、有进取精神的长处，给大家鼓了劲。

还有一些事物很平常，一般地说出来没味道，如果稍微夸张一下，就会让人印象深刻。《红楼梦》里有一段写刘姥姥到荣国府里求救济，凤姐说了一大通大户人家的艰难，刘姥姥以为没指望了，谁知后来还是赏了她二十两银子。于是，刘姥姥眉开眼笑地说："我们也知道艰难的，但只是俗话说的'瘦死的骆驼比马大'

呢。凭他怎样，您老拔一根寒毛比我们的腰还壮哩！"刘姥姥这么一说，既恭维了对方，又让凤姐听着高兴。

要想让自己的表达生动形象，就要做到以下几点：

（1）语言要通俗；

（2）多打比方；

（3）恰当地运用语气；

（4）多运用表情；

（5）适当地用点夸张。

说话要生动有趣，还有一点也要特别注意，即要有感而发，有时境感。说得具体一点，就是要学会营造气氛，激发他人共鸣力。要做到这一点，关键是要让听你讲话的人进入场景，让他们都有身临其境的感觉，这就是时境感。

怎么样才能使自己说话做到有时境感呢？且在这里举一个例子。

曾有一位交流学顾问吉姆·卢卡谢夫斯基。一次，他被安排给一家废物处理公司的执行董事们作一个演讲。在演讲之前，他特意在一辆垃圾车上工作了三天。

这位顾问他为什么要这样做呢？

他说："这个公司所有人都是由垃圾工人出身的，你不熟悉垃圾车及垃圾处理情况，你有什么资格给人家讲话？"因此，当他一开始演讲，他就告诉他们，自己已经拖运了三天的垃圾。如此一来，听众就完全被他的讲话吸引住了，他的观点也就被很好地接受了。

所以说，别人之所以对你的话感兴趣，是因为你的讲话与他们有关，与他们的兴趣有关，与他们的问题有关。你的讲话与听众最感兴趣的事情取得了联系，你就紧紧抓住听众的注意力，你就能很容易地说服他们，他们也很容易接受你。这些都是时境感在起效用。

时境感在说话过程中相当重要。某大学有一位同学在一次宴会上发表了一场非常成功的演讲，他依次谈到围坐餐桌的每个人；回忆每个同学所做的有趣的事；他模仿其中一些同学，夸大他们的特征，逗得人人开怀大笑，皆大欢喜。这样的演讲内容是不可能失败的，因为它的时境感非常强。

这就足以证明，要想说好话，就要让听你说话的人自动进入场景，你要与他们打成一片。否则，又哪里能有时境感呢？

理讲不通，就讲好故事

对大多数人来说，与趾高气扬地发号施令或一沓厚厚的精确统计数据相比，一个能够涵盖重点事实并有启发性的故事可能更具影响力。

众所周知，美国的《独立宣言》与独立战争一样，有着重大的历史意义，因此永载史册。它字字珠玑，广为流传，对推动美国的革命起到了巨大的作用。

富兰克林是起草这个文件的负责人，而这篇脍炙人口的文章出自他的密友——才华横溢的杰弗逊之手。富兰克林对杰弗逊的性格脾气非常了解，杰弗逊对自己的文笔颇为自负，认为自己写出来的东西无可挑剔，往往动一字就像割掉他身上的一块肉一样。

　　但拟写《独立宣言》是非常重大的事，必须臻于完美，使之达到力敌千斤、振聋发聩的效果，所以非得说服他反复修改草稿不可。可富兰克林又怕惹得杰弗逊不愉快，为了说服杰弗逊，富兰克林冥思苦想，终于想到一个合适的方法，于是，他给杰弗逊讲述了一则故事。

　　有一个青年人开了一家帽店，他拟了一块招牌，上写"约翰·汤姆斯帽店，制作和现金出售各式礼帽"，然后还在招牌下面画了一顶帽子。他觉得这块招牌很醒目，扬扬得意地请朋友们评价，等着听朋友们的赞赏。但是他的朋友们却不以为然，有人说没有必要写"帽店"一词，它与后面的"出售各种礼帽"语义重复，可以删去。

　　有人说"制作"一词完全没有必要，顾客只要求帽子式样称心，价格公道，质量上乘，至于是谁制作，他们才不关心呢。再说约翰并非久负盛名的制帽匠，更不会引起人们的注意。

　　还有人说"现金"两字显得多余，到商店购物，当然是用现金购买，拿一只羊来换帽子，你麻烦，别人也麻烦。

　　这个青年人觉得朋友们的话有道理，就把招牌修改了一下，只剩下"约翰·汤姆森，出售各式礼帽"的字样和那顶礼帽的图案了。

　　尽管这样，还有一个朋友不满意，他认为，帽子不可能是白送，"出售"二字多余，可以删去。

　　又有人说了，"各式礼帽"与图案也重复了，显得多余。经过删改，最后的牌子上只剩下"约翰·汤姆森"的名字和那个图案了。

几经修改，招牌变得十分简洁明了，因而也就更加醒目。年轻的帽店店主非常感激朋友们的宝贵意见。

杰弗逊听了这则故事，明白了富兰克林的良苦用心，明白了稿子是修改出来的，因此广泛听取公众的建议，把《独立宣言》修改得好上加好了。

到18世纪70年代初，北美的13个殖民地的代表聚集一堂，通过了这个几经修改的《独立宣言》，一场伟大的独立战争终于开始了……

富兰克林采取讲故事的方式，娓娓道来，成功地说服了对方，使杰弗逊有了从不容动一字到广泛听取公众修改建议的巨大改变，让我们不得不佩服富兰克林的说服技巧，他把讲故事说服法运用到了炉火纯青的地步，

把它的作用发挥到极致，从中我们多少可以看出讲故事说服的妙处。在平时生活中，我们也可以如法炮制。但讲故事说服别人也有一定的原则，《松鼠公司》的作者斯蒂芬·丹宁提出了讲好一个故事的九点要求，值得我们借鉴。

第一，明确自己想要传递的信息，也就是要明确故事的中心思想；

第二，要有恰当的例子支持你的观点；

第三，要注意讲故事的角度，尽量能使听众产生认同感；

第四，要指出故事发生的时间和地点，以增强故事的真实性；

第五，要确保故事能够暗示你的中心思想，必要时可以对故事进行适当的编造；

第六，在讲述过程中要使听众明白，如果不采用你的建议，会产生怎样的后果；

第七，去掉不必要的细节，要明白你讲故事的目的是传递信息而非娱乐听众，细节太多容易分散中心思想；

第八，确保故事有个真实可信的结局，它将使听众对前途有所设想，产生行动的渴望；

第九，篇末点题，使故事与你要表达的中心思想联系起来，可以用"假如……""想象一下"等词语直接引出主题。

除了以上这九点以外，为了将故事讲得更精彩，为了使你的故事更具说服力，这里还有一些补充建议。

（1）要了解对方，具有针对性。讲故事说服是在需要委婉说服或对方顽固不化时，才加以采用的。富有针对性地选择故事，组织语言，从而让对方喜闻乐见、醍醐灌顶、茅塞顿开。

（2）故事要短而有力。不要将故事拉长成为一篇报告，要知道故事越长、情节越多，就越容易分散人们对中心思想的注意。

（3）讲故事最好能加入一些自己的观点、感受和感情，否则听众会觉得你只是在重复别人的话，或是描述事不关己的情节。要用感情吸引听众，用事实来支撑故事。

（4）开头要吸引人，一定要在一开始就引起听众的注意。

（5）故事的内容不能与所要说服的事有关。人人都有强烈的防卫心理，知道你说服他，他首先就持抵触态度，根本不愿耐心听下去。所以你要精心经营你的故事，娓娓道来，放松对方心理，然后使他不知不觉为你的话语所感染。

巧用修辞，让语言生趣

人们往往用"口吐莲花"来形容那些会说话的人。会说话，表明了一个人对说话具有一定的能力，而不是简单得像幼童从咿呀学语到能够说连贯的单词、句子的程度。比如那些演说家，他们说出来的话就很具有煽动力，能够点燃听众的热情。会说话者说出来的话能让听者耐听、爱听，不但能够让听者完全理解和接受自己的意思，还会让对方产生联想，得出更深一层的意思来。

同样的话不同的人说出来，产生的效果和达到的目的是不同的。这是因为每个人的知识水平和生活阅历决定了他能不能把话说得动听、生动、有趣，而这就需要有一定的口才和表达能力。就像写文章一样，上面所说的"会说话"就包含了遣词造句方面的学问。

人们在说话时往往会使用一些成语、俗语、谚语、名人名言来修饰自己的话，也会使用一些修辞手法来装点自己的言语，目的都是为了使自己的话让听的人能够更好地接受，达到更好的效果。

修辞包括比喻、拟人、排比、反复等诸多方法，比如，为了强调一件事情的重要性，或者是为了提起人们的注意，人们在说话时往往反复重复某句话、某个问题；为了加强说话的气势，几个排比句冲口而出，语气连贯，语意衔接，很有震撼力；为了把某些不易为人们理解的事物说得更清楚明白，往往使用一个身边的事物做比喻；为了表达对某一事物的感情，往往把一些动物或者是植物拟人化，表达自己的喜爱之情；等等。这些修辞手法的运用能够使语言生动、形象，充满感情色彩。

在这些修辞手法中，体现在说话技巧方面，比喻是一种较为常见的手法。它可以使复杂的问题简单化，抽象的问题具体化、枯燥的问题生动化。

法学家王宠惠在伦敦时，有一次参加外交界的宴席。席间有位英国贵妇人问王宠惠："听说贵国的男女都是凭媒妁之言，双方没经过恋爱就结成夫妻的，那样多不幸啊！像我们，都是经过长期的恋爱，彼此有了深刻的了解后才结婚，这样多么美满！"

王宠惠笑着回答："这好比两壶水，我们就像一壶冷水，放在炉子上逐渐热起来，到后来沸腾了，所以中国夫妻间的感情起初很冷淡，而后慢慢就好起来，因此很少有离婚事件；而你们就像一壶沸腾的水，结婚后就逐渐冷却下来。听说英国的离婚案件比较多，是不是就是这个原因呢？"

把婚姻比作一壶水，用水所处的沸腾状态来说明两个国家人们对待婚姻的态度和结果，要比长篇大论地解释造成这种差异的历史原因更让人容易接受，也更明了。形象的比喻既解除了自己的尴尬，同时也体面地让对方感觉到了反击的压力，效果甚佳。

同样的故事还有，在纽约国际笔会第 48 届年会上，有人问中国著名作家陆文夫对性文学是怎么看的。

陆文夫不失幽默地答道："西方朋友接受一盒礼品时，往往当着别人的面就打开来看；而中国人恰恰相反，一般都要等客人离开以后才打开盒子。"与会者发出会心的笑声，接着报以雷鸣般的掌声。

多么睿智幽默的回答，多么形象贴切的比喻。以中国人的传统教育和思想观念来说，触及这样的话题，难免会让人感到尴尬、不好意思，即使是在美国这个号称全世界最自由、最民主的国家也是如此。但在公开的场合拒绝回答这样的问题是有失风度的。在不得不回答，却又不好正面回答的时候，陆文夫用一个恰当的、生活中常见的比喻，既回答了问题又体现了中国几千年文化的深厚内涵，得到掌声就不足为奇了。

说话就是一种口头表达，和写文章体现文采一样，说话需要体现的是口才。文采来自精确的遣词造句、旁征博引，说话也不例外。写文章可以不断修改，说话却不能一句话说出去觉得不好再说一次，那样就贻笑大方了。因此，需要在平时不断地积累和锻炼自己的表达能力，想办法提高自己的语言表达技巧，把语言这个基础材料修枝剪叶，打理好了，再配以恰当的语气和声调以及音色，这样你说出的话就会婉转动听，所要表达的意思就会更加准确、清楚。

用活语气，让语言生意

语气和语调是说话必不可少的表达要素。语气就是指说话的口气，比如肯定、疑问、委婉、强硬、漫不经心等。语调就是指说的腔调，就是一句话里语音高低轻重的配置。一句话里都会有声音的高低变化和快慢轻重，也就是都有一定的语调，表示一定的语气和情感。如陈述句多用下降调，疑问句多用上升调等。

其实，在我们进行表述的时候，语气和语调会在说话时为了情感的需要自然地带出来，但是，很多时候这种自然带出来的语气和语调是不够十分准确的，往往和你想要表达的情感存在着一定的差距，也就导致了你说出来的话没有达到预期的效果。因为一个人的性格决定了他说话时所选择使用的语气。比如，一个爱幻想，而且讲究罗曼蒂克的人，他说话的语气一定是抑扬顿挫，像唱歌一样的；而比较任性的人，他说话语气一般会很冲，同时声音也很大；一个凡事都抱有怀疑感的人，他说话的语气必然是低沉的，说话时声音好像是由牙缝里挤出来的一样；等等。

很多时候，面对同一件事情，用不同的语气说出来，产生的效果也是不一样的。比如孩子想学打网球，父母教育子女时，如果用挖苦的语气说："就你这样三分钟热情还想打球啊？"这样就会给孩子的自尊心带来伤害，让他对自己的能力产生不自信。而反过来，如果父母用充满信任的语气说："我相信你只要努力学，认真学，一定能学会打球的。"这无形中就给了孩子一份自信。同样地，如果上司面对下属的失误用不屑的语气说："我早就提醒过你""我早就知道你的能力有限"……诸如此类的话语，那只能让下属丧失信心，进而产生逆反心理，本来有心改进也变成了听之任之了。但如果上司用充满期待的语气说："我知道你的能力，这次只是一个失误，我相信你能做得更好。"听到这样的话，下属除了工作更加卖力之外，似乎没有别的办法来表达自己对上司的感激之情了。

语气表达的是你说话时的情感，如开心时，语气必定是很活泼轻快的；伤心时，语气又是低沉缓慢的；充满信心时，语气是坚定的，此处应注意，切忌以疑问句结束陈述事实的语句，以免影响语气的坚定。因此，恰当地运用语气可以很好地帮助你完善自己说话的意思表达。

另外，语调在语言表达中也占有 38%的比重，是绝对不能忽视的。

语调也叫作句调，它指贯穿整个句子的调子，所起的作用是表达整句的意思和感情。语调可分为降调和升调两种基本类型，随着句子的语气和表达者感情的变化，可以变化出其他多种类型。语调有区别句子语气和意义的作用。如"你干得不错"说成降调，是陈述性句式，带有肯定、鼓励的语气；说成升调，是疑问性句式，带有不信任和讽刺的意味。在谈话时应注意把握语调，以增强吸引公众的魅力。

有一位表演艺术家曾说，人的喜怒哀乐，连最微妙的情绪，都能通过声音表达出来，表达得精确细腻，毫无二致。说话时，借助优美的音质、圆润的声音、抑扬顿挫的发音，恰如其分地表现内容，使看似平淡的谈话内容，变得有声有色、亲切自然。当然，每个人的先天音质有差别，但只要感情真挚，表达有度，扬长避短，就一定能达到说话的目的。

语调反映出一个人说话时的内心世界、情感和态度。当你生气、惊愕、怀疑、激动时，你表现出的语调也一定不自然。从你的语调中，对方可以感觉出你是一个令人信服、幽默、可亲可敬的人，还是一个或呆板保守，或具有挑衅性，或好阿谀奉承，或阴险狡猾的人。你的语调同样也能反映出你是一个或优柔寡断、或自卑，或充满敌意的人，还是一个诚实、自信、坦率以及尊重他人的人。

古希腊的医生伽林曾经说过："声音可以反映出一个人的灵魂。"

当人们不开心的时候，他们的声音听起来会很无助、生气或者沮丧，语调就是低沉缓慢的；反之，当人们高兴的时候，他们的声音听起来会更活泼一些，并且声调会轻快地上扬。

用对了语调的声音会成为你说话的强大磁力。无论对于男人还是女人来说，通过低沉、圆润、热情的语调传送出来的声音都是迷人的。

活泼的声音通过其热情和充满生机的跃动使人们对其发出者感兴趣。这种声音通过自信的语调传送出来。这是一种让人们愿意把耳朵支起来倾听的声音；这是一种精力充沛、轻轻松松地传情达意的声音。

这种声音能把你和他人的最佳状态带出来，所以往往像磁铁一样吸引人。一种认为"我很自信"的语调让别人也会觉得很有信心，它传达的是信任。意志坚定的人会使用这种语调，并且说起话来也很诚恳。这样的人是坦诚正直的人。一个坦诚正直的人是容易取得别人的信任和认同的，具备这种性格特点的人说出来的话，对方也会在很大程度上接受。

同样地，用圆润的语调和热情的活力来说话的女性在吸引异性的时候具有明显的优势。比起那些不具有这种声音的女性来说，她们声音中具有的感染力和活力让别人觉得她们更友好，更可靠，更能干，更有女性的魅力。

事实上，也许很多时候人们不用刻意去追求语调的运用，只要表现得自然、大方、得体，说出来的话就足够有分量了。要做到自然，就要按照日常口语的语音、语调来说话，不要带着朗读或背诵的腔调。因为自然的声音总是悦耳的，你要注意，交谈不是演话剧，无论你用什么样的语调，都应自然流畅，做作的声音只能事与愿违。当你交谈的对象不是一个人而是许多人时，应采用以下的技巧。

第一，当前一个人声音很大时，你的起点就可以压低声音，做到低、小、稳。当前一个人声音很小时，你的开始句就要略提高嗓门，清脆响亮，以引起大家的注意。

第二，语速适当是话语自然的重要表现。语速大约240个音节/分钟均应视为正常。如果根据内容、情景、语气的要求偶尔有十来个音节稍快、稍慢也应视为正常。语速和语言流畅程度是成正比的，一般说来，语速越快，语言越流畅。但语速过快就容易导致发音时口腔打不开、复原音的韵母动程不够和归音不准。语速过慢，容易导致语流凝滞，话语不够连贯。有人为了不在声、韵、调上出错，说话的时候一个字一个字地往外挤，听起来非常生硬。因而，过快和过慢的语速都应该尽量避免。

第三，还要注意说话的节奏，说话时不断改变速度节奏以避免单调乏味是相当重要的。影响速度节奏的主要原因是人们内心情绪的起伏变化。速度节奏的控制和变化一般要通过音调的轻重强弱，吐字的快慢断连，重音的各种对比以及长短句式、整散句式、紧松句式的不同配合才能实现。我们应掌握这些规律，做到快慢适中，快而不乱，慢而不断，增强语言形象的美感。

第四章　表述生动，每一句话都熠熠生辉

说话要注意说话的语气和语调，听话也是一样。很多人听话只听内容，不听语气和语调，很容易犯下臆测或不正当理解的毛病。只有准确地听出对方讲话的语气、讲话的语调，才可以帮助你第一时间掌握对方的反应，并及时做出调整。

第五章
倾注情感，聊天需要感染力

生活中，我们常发现这样的一种情况：同样的一句话，两个人说得一字不差，但是效果往往有着很大的差别。有的人被喜欢，有的人则被嫌弃。为什么会这样？原因在于，每个人说出话的感染力不同。

用语言开辟情感隧道

社会学和社会心理学都告诉我们，每个人在现实生活中都担当着多个不同的角色，不同的角色有不同的语言形式和表达方式。当一个人的角色发生转换时，相应地，他的语言及其表达方式也应随之发生转变，以便与特定的身份、场景和关系相适应，否则就会发生语言和角色之间的冲突。维多利亚相对于阿尔伯特而言，既是女王，又是妻子。当她回寝宫敲门时，她的角色是妻子，而不是女王，相应地，她的语言也应该发生转换。第一次答话时说"我是女王"，显然与角色不合或者说还没实现角色转换，这样的回答有伤阿尔伯特作为丈夫的自尊心，以致他不愿意开门。第二次答话用"维多利亚"，虽然比第一次要好一些，但这只是一种中性的、不带感情色彩或者说感情色彩很淡的，可以用于多种交际场合的表达。这种表达与当下的角色仍有距离，没有满足阿尔伯特的情感需要。然而，女王毕竟智识过人又极有涵养，及时转换角色语言，并以充满柔情的语气表达出来，终于敲开了两扇门——房门和心灵之门。

听人说话之所以备受重视，不仅是因为其有助于对事物的了解以及对说话内容的掌握，更因为听人说话是与他人个性契合、心灵沟通的根源。现代社会观念已认识到说话的方法、交谈的技巧、相互的了解等对于和谐的人际关系的重要性，但是，大多数人仍偏重于说话的技巧和表达能力，致力于这方面的学习与训练，却忽略了听话与了解话中含义的重要性。倾听别人说话表示敞开自己的心扉，坦诚地接受对方，体贴对方，因言语而导致彼此心灵融通，是现代社会取得良好人际关系的又一个重要方面。

有些人不仅不肯倾听别人说话，反而要求别人必须听自己说话，只准自己享受说话的乐趣而不把他人放在眼里。别人如果忽略了他说的话便愤怒不已，面露不悦；若迎合奉承自己便沾沾自喜；如果有人提出不同意见便立即反驳并给予恶劣的断语，把自己作是正义的化身。这种人即使长于说话技巧，也只能说一些冠冕堂皇的话，运用小聪明偶尔博人一笑，在人生交际场上暂获一时的成功，但人们与之久处以后，便会了解底细，他终究是要跌下来的。

有些人差不多成了习惯，专和别人作对，无论别人说什么，他总是唱反调。他自己本来一点主见也没有，不过你说"是"的时候，他一定会说"不"；到你说"不"时，他又说"是"了。犯这种错的人很多，且往往不自知。

为什么会这样呢？因为他不喜欢听取别人的意见，以自我为中心，而且自以为比别人高明，所以事事要占上风。

即使他真的见识比别人高，这种态度也是不对的。他不为对方留一点余地，好像非要让别人下不了台才觉得满意。这种坏毛病只有使他与恋人或家人或朋友疏远，没有人肯和他一起讨论问题，更不敢向他进一点忠告。本来是一个很好的人，但却因为有一点爱跟人抬杠的习惯，使得他与周围的人渐行渐远。

唯一改善的方法是养成尊重别人的习惯。首先要明白，在日常谈论的问题当中，自己的意见不一定都是对的，而别人的意见也不一定都是错的。那么，为什么每次都要反驳别人呢？

第一，有这种毛病的人，聪明人居多数（要不就是自作聪明的人），他也许太热心，想从自己的思想中提炼出更高超的见解，他以为这样可使人敬服，但事实上完全错了。一些平凡的事情是不必去费心作更高深的研究的——至少我们日常谈话的目的是消遣多于研究。既然不是在慎重地讨论问题，又何必在琐碎的事情上抬杠呢？所以，要注意的第二点，就是在轻松的谈话中不可太过认真。第三，大家谈话时，根本没有准备请谁说教，大家说说笑笑罢了，一个人要是故作聪明，总是想提出更高超的见解，对方决不会乐意接受的。所以，最好不要摆出教导别人的架势，请记住"大智若愚"那个成语。

对别人的观点和看法，你如果不能马上赞同，最低限度也要表示可以考虑，但不可马上反驳。要是你的恋人和你谈天，你更要注意，无谓的争论会让一切有趣的事都变得乏味。

如果你的太太问你："我的发型好看吗？""不好看。""我的衣服漂亮吗？""不太漂亮。"或她说："这只红色的鞋子真好看。"你偏要说："不如黑的。"她说："孩子应该早点起床。"你却说："迟点也不要紧。"试想，你的太太还愿不愿意跟你说话！

记住，你不可做一个固执的人，不可做个没趣的恋人，不可做一个无情的爱人。

我们常听到评论某人"抬死杠"，就是爱与人唱反调，表现与人不同。现在你明白了，抬杠是愚蠢的，那么，希望你避免与人作对才好。

把话说到对方心里

　　说话是一门艺术，它能反映出一个人的涵养和魅力，也能促成情感的交流和信息的有效传递。如果你要去拜访某个客户，或者与某个重要人物见面，你的成功与否，在很大程度上取决于你说的话是否得当，是否把话说到了对方的心窝里。

　　要把话说到对方心窝里，首先要与人以心换心，推心置腹。尤其是与人交谈时，贵在推心置腹。坦然源于真诚，说话贵在坦诚，只要你捧出一颗恳切至诚之心，一颗火热滚烫之心，又岂能不说到对方心窝里？怎能不动人心弦？

　　说话不是敲击铜铃，而是敲击人们的"心铃"。"心铃"是最精密的乐器。因此，会说话的人总是用真挚的情感、竭诚的态度击响人们的"心铃"，刺激之，振奋之，感化之，慰藉之，激励之。对真、善、美，热情赞歌；对假、丑、恶，无情鞭挞。让喜怒哀乐，溢于言表；使黑白贬褒，泾渭分明。用自己的心弹拨他人之心；用自己的灵魂去感染他人之灵魂。使听者闻其言，知其声，见其心。

　　《左传》中有一则《触龙说赵太后》的故事。

　　赵太后刚掌管国政，秦国就加紧进攻赵国。赵求救于齐。齐王却要求用赵太后最小的儿子长安君做人质才肯出兵，赵太后决不答应。大臣们竭力劝谏，赵太后生气地说："有再要长安君做人质的，我就唾他的脸。"大臣们因此都不再敢说这件事了，但左师触龙却不畏惧。首先他在进见赵太后时委婉地说明，他是来看望赵太后的，让赵太后消了怒气。然后他表示对赵太后生活起居的关心，语气轻柔，娓娓动听，最后使赵太后神气缓和了。接着，触龙又引导赵太后说起儿女情长的话来，他说赵太后为燕后做了长期打算，而没有为长安君做长期打算，并举例说明无功而封以高官厚禄，只会给子女带来杀身之祸。长安君这次做人质正是他为国立功的绝好机会，今后在赵国就站得住脚了。

左师触龙的这番话坦诚可信，用真挚情感将心比心，从而达到感情上的融洽，最终说服了赵太后，同意长安君到齐国当人质，从而解除了赵国军事危机。

坦诚说话，确实能说到对方心窝里，容易被人接纳。

松下电器公司还是一家乡下小工厂时，作为领导，松下幸之助亲自出马推销产品。在碰到杀价高手时，他就坦诚地说："我的工厂是家小工厂。炎炎夏天，工人在炽热的铁板上加工制作产品。大家汗流浃背，却努力工作，好不容易制出了产品，依照正常的利润计算方法应当是每件××元承购。"对手一直盯着他的脸，听他叙述。听完之后开怀大笑说："卖方在讨价还价的时候，总会说出种种不同的话，但你说得很不一样，句句都在情理之上。好吧，我就照你说的买下来好了。"

松下幸之助的成功，在于他的话出自衷情，说到了对方心窝里。他描绘了工人劳作的艰辛，创业的艰难，劳动的不易，语言朴素、形象、生动，语气真挚、自然，唤起了对方切肤之感和深切同情。正如对方所说的，松下幸之助的话"句句都在情理之上"，对方接受也在情理之中，这样的说话一字一句就如滋润万物的甘露，点点滴入对方的心田。

把话说到对方心窝里，还有一种就是迎合对方的心思，顾全对方的面子，从而达到说服对方、感动对方的目的。

著名口才大师卡耐基说："即使你喜欢吃香蕉、三明治，但是你不能用这些东西去钓鱼，因为鱼并不喜欢它们。你想钓到鱼必须下鱼饵才行。"因此，我们有时为了说服他人，就要懂得迎合他人的嗜好，这样才能让对方感觉到受重视、受尊重。当然这个"迎"并不是那种愚蠢的阿谀奉承，而是要迎合得巧妙，不能让对方看出任何破绽。一个只谈论自己从来不考虑别人的人，永远不会得到别人的认同。

所谓迎合，其诀窍就是迎合他的兴趣，谈论他最为喜欢的事情。因为每个人都有自己感兴趣的东西，比如有的人喜欢篮球，有的人喜欢军事，有的人喜欢音乐，有的人对书法绘画有好感，有的人对烹调食物感兴趣，有的人对神秘现象着迷，等等。总之每个人都有一项或是多项的兴趣，会说话的人为了目的的达到，在说服他人的时候一定要懂得迎合别人的兴趣。

小袁是一家房地产公司总裁的公关助理，奉命聘请一位特别著名的园林设计师为本公司的一个大型园林项目做设计顾问。但这位设计师已退休在家多年，并且此人性情清高孤傲，一般人很难请得动他。为了博得老设计师的欢心，小袁事先做了一番调查，她了解到老设计师平时喜欢作画，便花了几天时间读了几本中国美术方面的书籍。她来到老设计师家中，刚开始，老设计师对她态度很冷淡，小袁就装作不经意地发现老设计师的画案上放着一幅刚画完的国画，便边欣赏边赞叹道："老先生的这幅丹青，景象新、奇意境宏深，真是好画啊!"一番话使老先生升腾起愉悦感和自豪感。

接着小袁又说:"老先生您是学清代山水名家石涛的风格吧?"这样就进一步激发了老设计师的谈话兴趣。果然他的态度转变了，话也多了起来。接着小袁对所谈话题着意挖掘，环环相扣，使两人的感情越拉越近。终于，小袁说服了老设计师出任设计顾问。

小袁如果直言相请，老设计师肯定不会轻易答应，会说话的小袁懂得说话的技巧，他舍近求远，绕了一个弯子，终于争取到一个机会把话说到了老设计师的心窝里，这样才让老设计师动了心。

平时，在工作和生活中，我们确实能够打开对方的心扉，把话说到对方的心窝里，但也不是净说心里话或迎合的话就能奏效，我们应在说话时多加注意，区别对待。曾有一位激励大师给过我们几条珍贵的建议。

1. 不妨说说寒暄的话

寒暄问候在很多时候都是有必要的，一句令他人喜欢的轻松话语既能拉近距离，又能渐渐引入话题，这样我们就能在不经意的时候与对方进行有效沟通，既增进了亲和力又解决了实际问题，不致显得目的性过强，给双方的交流带来心理隔膜。

2. 多说赞美的话

赞美不是虚情假意的奉承，也不是虚伪空洞的说辞，它是对对方交谈中的可爱之处恰如其分的表达，对对方经营中的可敬之处实实在在的肯定，对对方生活中的可学之处真情实意的称赞。尤其是在拜访中，我们应该用心倾听，用心观察，善于发现对方的可赞之处，多说赞美之词。

3. 慎说承诺的话

"言必信，行必果"，健康的人格最重要的就是诚信，任何时候任何情况下都不能把诚信抛在脑后，要一诺千金。既然承诺了他人，就要不折不扣地去实现，对于无法兑现的诺言不要轻易点头，要慎下承诺。

4. 不说埋怨的话

在这个世界上，金无足赤，人无完人，他人怎么说怎么做自有他的道理，有些时候的说法和做法可能不尽如人意，或许是因为一时的疏忽或其他原因带来一些问题，埋怨和指责只会让问题变得更糟。此时应该静下心来细心分析问题和原因，寻找解决办法，避免类似问题重现。

带着同理心倾听他人

"同理心"是一种与人交流的心理技术。它是站在当事人的角度和位置上，客观地理解当事人的内心感受及内心世界，并同时把这种理解传达给当事人。人活着，每天都要与人打交道。不论你是公司职员、老板，还是政府部门的公务员、首长，或是大学生、教授，每天都要跟自己的工作对象打交道。这些对象就是你在工作中打交道和生活交际的另一方，也同时是你公关的对手。

时移势异，角色转换，需要我们有灵活的大脑思维和敏感的听觉。你如果是个出类拔萃的人，你一生遭逢的挑战就要比别人多得多。这样你就必须认识"人"，研究"人"，了解"人"，尊重"人"。反过来说，就是尊重竞争的对手，从他的家庭，到他个人；从他的脾性，到他的身体素质；从他的爱好，到他的专业知识，都要加深了解。了解的目的并不是要控制"他"和征服"他"，而是为了融合"他"，在共同的方向上求得他的帮助和支持，希望"他"不做阻碍自己业务发展、政治进步或学业长进的绊脚石。

在公关场合倾听谈吐要学会琢磨，未弄懂别人的真实意图之前，不要急于开口说话。

不要把公关对象视为敌手，听话时，即使对方说话傲慢，也不要把不满表露在脸上。

理解公关对象，就是理解自己。在有人跟你发生公关关系的时候，你也许会想到如何走好下一着棋。

墨顿在新泽西州纽瓦克市的一家百货公司买了一套西装，结果这套西装令他很不满意，上衣褪色，弄脏了他的衬衫领子。

他把西装送回店里，并找到了当初卖他西装的那位店员，他试着把情形说出来，但被店员打断了。

那位店员说："这种西装我们卖了好几千件，您是第一个抱怨的人。"

这是他所说的话，但他的语调更糟糕，他那咄咄逼人的语调等于在说："你在骗人，哼！我可要给你一点颜色瞧瞧。"

在这场激烈的争吵中，第二位店员插嘴进来说："所有深色的西装，因为颜色的关系，开始的时候都会褪点颜色，这是没有办法的，这种价钱的西装都是如此。"

"这个时候我已经怒火中烧了。"墨顿先生在叙述这件事的时候说，"第一个店员对我的诚实感到怀疑，第二个暗示我买的是低级货。我火大了，我正想叫他们滚到地狱去的时候，突然间，服装部的经理走过来了。他很有一手，他把我的态度整个转变了过来。他使一个愤怒的人，变成了一名满意的顾客。下面就是他所做的：

"第一，他从头到尾地听我把事情叙述了一遍，没有说一句话。

"第二，当我说完的时候，那两个店员又提出他们的说法，他却以我的观点跟他们争辩起来，他不仅指出我的领子显然是被那套西装弄脏了，还坚持说该店所卖的东西，必须令顾客感到百分百的满意。

"第三，他承认自己不知道毛病出在什么地方，他对我很干脆地说：'您要我怎么处理这套西装呢？我完全照您的意思办。'

"就在几分钟前，我还准备叫他们收回这套该死的西装，但这时我却回答：'我只要你的忠告，我要知道这种情形是否是暂时的，以及是否有什么补救的办法。'

"他提议我再穿一个星期看看。'如果那时候你还不满意，再带来。我们再换一套您满意的。很抱歉，给您带来这么多麻烦。'

"我满意地走出那家商店。那套西装穿了一个星期以后，没有再发生什么问题，于是我对那家百货店的信心又全部恢复过来了。

"难怪那位经理是服务部的主管，至于他的两名下属，他们将永远——我本来要说他们将永远只能当个店员而已。不，他们可能会被降到包装部去，他们在那儿，将永远没有机会接触到顾客。"

人与人之间的交谈，未必是为了沟通感情，也可能是为了责备或攻击。

特别是在商场上，即使双方都面带笑容，谈话往往也会演变成保护自己或公司利益的利器。因此稍不谨慎，即可能丧失赚钱的机会。不可否认的是，负责商谈的人的谈话方法，可以操纵公司的命运。

通常能力越强的人，听话态度越认真。尤其是事关利害的商谈，一旦发现对方的弱点，应该立刻加以攻击，否则反被牵制，应想办法提出反驳，扰乱对方的心。

成绩良好的推销员除了说话技巧高明之外，也是名听话的高手。有一位缝纫机推销员的推销战术，确实是值得我们借鉴的。

他的推销战术是首先要掌握顾客心理。他先作家庭访问，向顾客详细说明缝纫机的功能、特性及优点等。一般顾客听完后，大都回答："你说的我知道，但问题是我对缝纫机有恐惧感。"从表面上看，这问题冠冕堂皇，足以用来打发推销员，使推销员知难而退。

碰到这种情形，他通常会表现出："这位太太，你对缝纫机颇有研究，与其他人的眼光都不一样。"先接纳对方的说法；或者表示："其实，我也害怕你提出这问题呢。"在称赞之后，才提出反对意见，让顾客产生优越感，可提高推销成功的机会。

据心理学家表示，会攻击对方弱点或提出反论的人，并不是针对谈话内容，而是猜疑与戒备心作祟的结果。听者遭人反对时，应先评断反对内容，尽快解除对方的戒备心，并且承认对方的能力。如此一来，便能消除彼此之间的重重障碍。

先建立良好的人际关系，再树立顾客对产品的信心，是所有优秀推销员一致推崇的方法。

但话又说回来，刻意转移方向的方法，不见得每次都能成功。因为可能会遭受对方误会，以为你故意奚落和讽刺他。

容易接受对方谈话的人，虽然能获得好评，却也十分危险。因此在使用这种谈话技巧之前，须审慎考虑。

多表达你的情感认同

物以类聚，人以群分。有相同经历、相同兴趣、相同性情的人，容易找到共同语言，容易产生亲密的感情。因此，在说服别人时，要把情感认同作为切入点。

有科学家以测验和问卷的方式了解了某大学的部分学生的性情、态度、信念、兴趣爱好和价值观等，然后把这些方面相似的学生安排在同一房间，再把相异的也安排在同一房间。过一段时间后，调查发现，志趣相似的同宿舍的人一般都成了朋友，而那些志趣相异的则大多未能成为朋友。由此可见，人们都倾向于和那些与自己相似的人在一起。因为大家彼此有一种认同感，会找到更多的共同语言。

所以，我们要说服一个人，首先就要把准对方喜欢听什么样的话，用对方喜欢的方式去和他们交流，这样说服起来就会更简单、更容易、更轻松。

明太祖朱元璋，有一天突发奇想：江南之地已归己有，不如叫画工将江南山川画于殿壁上。于是招来画工，命其作画。画工闻言，面露难色："回陛下，臣未遍访江南江山，且才识浅薄，不敢奉诏。"皇上听闻，勃然大怒："小奴才，胆敢违旨抗命，该当何罪？"于是立刻命令刀斧手将画工推出去斩首。此时画工急中生智道："陛下息怒。您遍历九州，见多识广，而且江南是您的江山，您了如指掌，劳陛下先画个轮廓。"皇上一听，果然转怒为喜，挥笔画了一个轮廓，接着命令画工开始润色。画工低头回道："陛下江山已定，他人岂可染指。"这话说得皇上心头大喜，不但免去画工死罪，还赏了他一笔银两。

画工先前说的是一句实话，却引来了杀身之祸，为了保命，只得迎合皇帝性情，结果皇上却很受用，这是因为皇帝高高在上，听不得别人违抗他的命令，但若把他和江山社稷联系起来，便能得到他的认同。

一样米养百样人，不同的人，由于各自性格喜好有别，更加之生活阅历的差异，他们会渐渐养成自己的一套独特的沟通方式与风格。如果我们能够循着这种风格路线去与他们沟通，那么对方会觉得很自然、很舒适，交流起来自然会事半功倍。反之，如果我们不注意、不尊重对方的沟通习惯，而是我行我素，你说东，我说西，那就很难合拍，彼此看对方都会觉得碍事、碍眼，这样的话，就很难把话说到一处。

《红楼梦》中八面玲珑、精明强干的王熙凤可以说是一个很出色的典型。林黛玉初进荣国府，凤姐第一次见到黛玉时是这么说的："天下真有这样标致的人物，我今儿才算见了！况且这通身的气派，竟不像老祖宗的外孙女儿，竟是个嫡亲的孙女。"这几句话，看似简单，实则大费心机，短短几句话，把方方面面都照顾到了：一上来先用"天下"这么夸张的词语把黛玉捧上了天，刚来贾府的黛玉年纪尚幼，听完这些蜜语甜言，纵使表面谦虚，心中也是喜不自胜的；但是夸黛玉，也不能让贾府的四姐妹没面子，于是，凤姐后头又说，黛玉的气质，完全就像是贾母的亲孙女，这让当时在场的惜春、迎春、探春和贾府的长辈们听到了，那叫一个舒坦，心里都美着呢；而位高权重的贾母本就喜爱黛玉，现在听凤姐这么一说更是笑得合不拢嘴了。凤姐短短几句话，却收服了所有人的心，说她长袖善舞、玲珑剔透，真的一点不为过。

我们要说服一个人，必须首先获得这个人情感上的认同，而要获得情感上的认同，首先要让对方感觉你和他是一样的人。因此，只有用对方最习惯、最乐意采纳的说话方式去说服对方。

通过着装风格窥探内心秘密

是什么把我们和我们的衣服联系在一起？我们的自我认识、我们与他人的关系，我们的欲望，还有我们丰富的心理情绪——愤怒、羞耻、欢乐、忧伤……

有两位国际有名的精神病学家在意大利托斯卡那的一次痛快购物之后，对人们的着装行为进行了精神分析。

他们的问题是，为什么我们所穿的衣服会带上浓重的情绪色彩？

通过研究发现，衣服位于个人世界和社会世界的交界处。它是我们身体的一部分，因为我们选择和穿戴了它；但它同时也属于外部世界。这个处于世界和自身之间的交界位置，使得我们和衣服的关系非常丰富和复杂，所以，着装会向自己和他人发送信息。没有人是只为自己而穿衣的。凡参加宴会的人，即使是个很不修边幅的人，也不能不稍微注意一下穿着。

此外，母子关系的重要性也决定了我们的穿衣行为。因为一个人在婴儿时期得到的各种照顾中就有穿衣一项：母亲给孩子选择何种衣物，如何包裹婴儿，如何欣赏裹在衣服里的婴儿。慢慢地，这就变成了我们的着装习惯。

精神分析师唐纳德·温尼科特说得很好：母亲的目光是孩子看自己的第一面镜子。成人后我们穿着各种衣服在镜子面前试来试去时，有几分寻找当年母亲看我们的目光的意味。

这里有一个"购物狂"的故事。

某时髦女生买了一大堆的衣服。但每一次她都觉得没有找到自己真正要的衣服……其实，她真正在找的可能是母亲慈爱的目光，而不是什么具体的衣服。

为什么会这样呢？在她母亲对她的爱中有什么缺失吗？或是她自己有什么问题让她没能感受到母亲的爱？这其中充满各种各样的可能性。

衣服会影响我们的情绪吗？是的，绝大多数的人都是这样感觉的。过完一个不开心的白天后，谁都会想换一身衣服，以便换一个心情。这种做法是基于这样一种认识——情绪会渗透到衣服里，似乎外部世界和内心世界之间会相互渗透。有时确实是这样！但人们往往很难说服自己相信这种想法。

另外的一种解释是，人们往往倾向于把衣服看成自己经历的代言人，购买衣服成为在自己身上消化他人形象的一种方式。我们发现，热恋中的男女喜欢穿情侣衫，即使那种款式并不适合他们。

这并不一定是负面的，因为个体在自我建构的过程中，需要从他人的形象中选取一些元素，然后据为己有。那些总是穿同样颜色或者同一款衣服的人，他们的衣服在告诉我们什么呢？

这有很多种可能性，取决于每个人的经历。通常，这类行为展现的是个体与自我形象的关系。固定的着装，可能是源于内心世界的犹豫不决、变幻不定。

有人喜欢一年四季都穿黑色服装，可能他内心比较阴暗。有人却不管冬夏，都穿白色衣服。因为白色衣服看起来干净，符合她洁癖的喜好。

在镜子里看到同一个样子的自己，成为加固身份认同的一种方式。这让人潜意识里觉得，如果变换着装风格，就可能失去自我。有多少爱美的女人不喜欢穿丝袜呢？

为什么有些人比别人更重视着装？其实，过分重视着装常常是为了巩固脆弱的自恋。如果一个人对自己有信心，就不需要不断检查自己是不是穿了合适的服装，而信心不足的人就要在外表上同样贯穿内在的自恋。相反的表现是：有些人你给他任何衣服，他都会穿上；还有一些人会说他们穿的衣服，"就是为了跟大家一样"或者"为了让人完全注意不到自己"。

这些行为并不是没有意义的。他们是害怕领先于人吗？他们觉得需要躲藏在不惹人瞩目的衣服后面吗？无论人们以何种方式穿衣服，无论人们对衣服有没有兴趣，穿衣行为总是有意义的。在我们生活的某些时刻，着装是否会具有更重要的意义？

是的，一般在青少年时期，身体的变化带给人内心巨大的扰动，而衣服可以让他们控制自己身体的外在表现。在这个身体发生巨大变化的时期，衣服要么是展现身体变化，要么是遮盖身体变化。所以，青少年会非常重视个人的着装风格。女孩子从这个时期开始把大把时间花在镜子边，而男孩子也开始随身带个小镜子，时不时地拿出来照一照。

在生命的每个时段，人们都会在衣服上投射某些特别的东西。成年人，在上面附加了爱情、人际、友谊。我们在过去和现在之间往返，而衣服是这个过程中的一种支撑。

过去的衣服让我们想起身体以前的样子，我们保留下来的死者衣服让我们想起这些过世的人。

还有我们在家里才穿的旧毛衣，也是这样。我们常说"自我感觉良好"，是不是也意味着在自己的衣服里感觉良好？

衣服可看成皮肤的延伸。但找到自己的穿衣风格或穿着适合自己的衣服，并不意味着自我感觉良好。

着装风格可能受家庭、伴侣和社会地位的限制。有很多女人的着装风格只是为了取悦自己的伴侣，所以，在她们的本来面貌和表现出来的样子之间有很大差异，这可能成为痛苦的源泉，尽管这衣服确实很配她们。

将心比心，多换位思考

许多人小时候都玩过一种游戏：两腿叉开，头向下从两腿之间往后看过去，本来习以为常的乡间景色便有了新意，让人百玩不厌。现在，我们从这个游戏中可以发现这样一个简单的道理：换位思考。

换位思考就是完全转换到对方的角度思考，从而更理解人、宽容人，就是要求在观察处理问题，做思想工作的过程中，把自己摆放在对方的角度，对事物进行再认识、再把握，以便得到更准确的判断，说出的话也才能真正说到别人的心窝里。

常言道，巧辩不如攻心。说服一个人，光有嘴皮子功夫是不够的，只有设身处地，以心交心，才能又快又准地达到说服的目的。

很多人说话有一个习惯，就是不太顾虑别人的想法、观念，认为只要用正确的言语传达自己的意思就行了。其实所谓正确与否，并非说话者单方面就能决定的。如果我们在说话之前忽视了听话者的心理和反应，无论如何慎重地斟词酌句，依然会产生料想不到的差错和误解。所以必须在语言上下功夫，说话时不忘换位思考，力求使说的每句话对方肯听、爱听，打动对方的心灵，这样才能提升语言的说服力。

有一次，陶行知先生看到男生王友用泥块砸自己班的男同学，当即阻止了他，并令他放学时到校长室去。

放学后，陶行知来到校长室，王友已经等在门口准备挨训了。可一见面，陶行知却掏出一块糖果送给他，并说："这是给你的，因为你按时来到这里，而我却迟到了。"王友惊疑地接过糖果。随之，陶行知又掏出一块糖果放到他手里，说："这块糖果也是奖给你的，因为我不让你再打人时，你立即就住手了，这说明你尊重我，我应该奖励你。"王友更惊疑了，他眼睛睁得大大的。陶行知又掏出第三块糖果塞到王友手里，说："我调查过了，你用泥砸那些男生，是因为他们不守游戏规则，欺负女生；你砸他们，说明你很正直善良，有跟坏人做斗争的勇气，应该奖励你啊！"王友感动极了，他流着眼泪后悔地说道："陶……陶校长，你……你打我两下吧！我错了，我砸的不是坏人，而是自己的同学呀！"陶行知满意地笑了，他随即掏出第四块糖果递过去，说："为你正确地认识错误，我再奖给你一块糖果，可惜我只有这一块糖果了，我的糖果用完了，我看我们的谈话也该结束了吧！"说完就走出了校长室。

处于逆反时期的青少年，面对无视尊严的训斥，只会产生反抗心理，把老师当成敌人。陶行知先生不忘换位思考，谆谆教诲中，既盈满爱心，又不忘尊重，尤其是用四颗糖果收服了一颗迷失的心，充满创意，达到了目的。

可见，说服别人并不难，关键在于掌握对方的心理，这其中的秘诀就在于：推己及人，将心比心。第二次世界大战期间，某国军方推出了一种保险，只要一个士兵每月缴纳 10 元保险金，那么如果他将来战死沙场，他的家人就能得到 10 万元的赔偿。军方原以为这种保险推出后会大受士兵们欢迎，可事实却恰恰相反，投保人寥寥无几。原来士兵们想的是，要是参加了这个保险，那么每月都要缴纳 10 元保险金，如果将来能从战场上活着回来，这 10 元钱就白交了；而万一真的牺牲了，那时候要 10 万元也没有用了，所以还不如及时行乐，拿钱买酒喝的好。

后来，军队为了说服士兵投保，特地请来了一位著名的演说家。这位演说家对士兵们说了这样几句话："孩子们，如果谁参加了保险，将来他若不幸牺牲，政府需要付给他的家人 10 万元；而对于没参加保险的烈士，政府只需要付给他的家属几千元抚恤金。想想看，政府会愿意先派哪种人上战场呢？"听完这番话，士兵们恍然大悟，纷纷掏钱购买了保险，因为谁也不愿意成为率先被派上战场的人。

这位演说家之所以能够轻而易举地说服士兵们投保，就在于他抓住了士兵的心理：谁也不在乎自己死后会有什么好处，而只关心自己能否活着回来。正是抓住了士兵的这种心理，这位演说家才打了一场漂亮的攻心战。

人心看似难以捉摸，但其实又很简单，只要我们将心比心，就会知道对方想要的是什么。只要我们破解了这一"密码"，说服就会变得相对容易些。

多站在他的角度谈理解

如今，"如何更好地说服别人"，几乎成了我们每天都要面对的问题。我们想办法让朋友理解自己，想办法让老板接受我们的建议，想办法让客户相信我们的能力和诚意，这是一个烦琐但是充满挑战性的工作。在沟通过程中，多数人最直接的做法就是竭力展示出能够支撑自身理论的各种依据，其潜台词就是"你必须尊重我的想法"，或者"我的想法才是最正确的"。

但实际上，说服别人并不仅仅在于强化自己的观点，对他人造成压迫的声势。妄图用自己掌握的那一套"真理"去压制别人的"真理"，往往不那么现实。尤其是当双方都认为自己才是正确的那一方时，这种毫无意义的争论将会一直持续下去。

有时候，换一个角度，选择站在对方的角度和立场想问题，看看对方的观点和想法是什么，了解对方的动机和理由，并适当顺应对方的想法去做事，反而更容易减少双方的分歧和冲突。无论如何，站在他人的角度来思考，都会让我们处于一个相对安全的位置，通过某种迎合性的行为，赢得对方的尊重和信任。

例如，人际关系学家戴尔·卡耐基由于工作繁忙，要招聘一个秘书。他在报纸上刊登了招聘信息，短短几天之内，各种求职信像雪花一样飞过来。

在阅读信件的时候，卡耐基发现了一个现象，几乎所有的信件都在讲同一件事："我很出色，我拥有丰富的工作经验，我能够处理各种各样的问题。"这些内容让他感到厌烦，他只能不断地加快阅读速度，直到有一封信引起了他的兴趣。信中的内容是这样的：

"尊敬的卡耐基先生，我知道您现在一定很忙，非常需要一个助手来帮您整理信件。我有过几年助理的工作经验，因此非常乐意为您效劳。"

卡耐基当即决定，聘用写下这封信的那一位求职者。

为什么在许多应聘者中，这位应聘者会脱颖而出呢？原因就在于她没有从自己的角度来看待问题，并没有从自身的能力来谈论工作是否适合自己。其他人渴望获得这份工作的理由是"我有这样的需求和能力"，而这个女人的理由却是"老板有这样的需求，而我有能力满足这种需求"，这才是她成功的关键。

这不只是对工作的一种理解，也是对老板的一种理解，这种发自内心地理解对方，即使在今天的职场，也是非常难能可贵的。

微创（中国）董事长唐骏当年在微软公司工作的时候，虽然在学历、能力、背景方面并没有优势，但是他深受上级领导的信任和喜爱，而且他的一些建议经常会被采纳。

多年以后，唐骏离开微软，他在自传中提到让领导"服气"的方法，就是尽量站在领导的立场说话和做事。比如，在工作中，上级领导经常要求职员制订一份详细的工作计划，很多人会在第二天交上这份计划，而唐骏不仅会呈交一份计划书，还会提出各种反对意见和可行性方案。他知道领导一定会从这些方面来考量这些计划书的，所以他干脆自己制作了这些可行性方案，为领导排忧解难。

在平时的谈话中，唐骏几乎很少胡乱发言，他总是会事先试探领导的想法和意见，想办法进行设想："如果是领导，他们会怎么去想？会怎样去解决这些问题？"

正因为他总是站在领导的立场上说话，所以他的一些观点总是能够赢得领导的认可。

多年以来，很多人都抨击微软公司内部沟通存在很大问题，管理缺乏人性，管理者有些独裁，根本听不进别人的意见。这些问题在唐骏身上并没有出现过，很显然这是一个沟通方式的问题。

很多时候，我们应该勇于表达自己的想法和观点，但这并不意味着我们总是需要利用自己的观点来说服别人。一旦双方存在分歧或者冲突时，必须做出调整，必须站在对方的立场上想问题，多听听对方说了些什么，然后表态："我觉得你的想法很有趣。"即便你认为对方的观点是错的，有失偏颇，也不要急匆匆地去反驳，而要说"虽然我不大明白，但我会试着从你的角度去想一想的"。这种说话方式，非但得体，而且不易引起对方的反感。

总而言之，每一个表达者都应该向对方表示这样一种态度：我理解并尊重任何人的想法。在很多时候，设身处地地为他人着想，这是消除隔阂、拉近彼此关系，并且最终说服对方的一个前提。

用甜蜜语言增进沟通

谈话的双方经常会出现一种情况：两个人先是谈天说地，后来突然冷场了，局面很尴尬。这时，也许只要有一方说一句巧妙而适度有趣的、最中听的话来，可使双方的热情重新燃烧。

一般情况下，谈女性感兴趣的话题，体现了男性尊重女性、关心女性的一种态度，这样可以满足女性的自重感。女性的自尊心很强，你与她第一次交谈时要千万注意，尽量谈她关心的、最有兴趣的话题。为达到这个目的，在见面前你应当尽可能地了解一些关于她的兴趣、爱好等情况，使你对交谈有所准备。另一种办法就是在交谈中了解对方的兴趣和爱好。

一般说来，业余时间所干的事情是人们比较喜欢的。在交谈中你可以问女士"八小时之外你做些什么?""平时都喜欢看哪些方面的书?"……一旦你掌握了她的兴趣，而对此你又比较熟悉，那么你就可以抓住这个话题，深掘下去，用来沟通相互间的感情。

初恋，第一次交谈要以女士感兴趣的话题为支点，这也许是男士恋爱成功的第一级阶梯。

而作为女人必须先了解，自己应该把自己的需求直接表达出来。女人需要重复感到男人是非常愿意为她伸出援手的。如果她先有所埋怨或先表现出自己的不满，然后再提出要求，通常对男人而言是行不通的。

比如，她说：

"我们从来不出去玩。"

"我们很久没有做些有趣的事了。"

"对老是做同样的事我已经厌烦了。"

就不如说：

"你下星期陪我去听音乐会好吗?"

"这个周末让我们找些好玩儿的事做。我们到野外去烧烤吧!"

"我们这个周末到海边去玩儿好不好?"

女人应该学着以正面的方式表达自己的需求，这样男方才更容易积极地响应，愉快地接受自己的要求。

当女人心情不好时，最需要的就是男人的爱。

当女人感觉到有人在背后支持她，她的心情会因此慢慢转好，双方即可度过短暂的低潮。当女友心情不好时，男方一定要用适当的语句给予安慰，千万不能慌不择言，让对方有火上浇油的感觉。下面就一些比较具体的场景加以介绍。

（1）当女友心烦意乱时

她会开始抱怨她的生活。男人这时只要倾听她的抱怨，别拒绝她。等她说完她所必须做的事后，男人别帮她寻求解决的方案，她真正需要的是赞美。

如果她说："我没时间出去，我有好多事要做，不然就做不完了。"

这时，男友不能说："那就别做这么多事，你应该好好休息，放松一下。"而应该说："你真的有好多事要做。"然后，体谅地听她细说每一件事。听她说完后，主动问她是否需要帮忙。

（2）当女友担心男友不够爱自己时

女友可能会开始问很多问题，有的是关于他们之间的关系，有的则是关于男友的感觉。例如，男友有多爱她或男友觉得她的身材如何等问题。这时候，不需要为这些问题寻求理智的答案，因为她只是想确定一些事实罢了。

例如，如果女友说："你觉得我胖吗？"

男友不能回答："是啊，你是没有模特儿的身材，可是模特儿都是饿出来的。"或"你不需要这么苛求自己，我不在乎你的身材。"而是应该说："我觉得你很美，而且我喜欢这样的你。"然后给她一个拥抱。

如果女友说："你觉得我们相配吗？你还爱我吗？"

男友不应该说："我觉得我们还有些方面必须再沟通。"或

"你还要问几次？这个话题我们已经讨论过了。"而最好是这样说："是啊，我好爱你。你是我生命中最特别的女人。"或"我越了解你，就越爱你。"

（3）当女友觉得怨恨时

通常，当女人心情愉悦时，她会付出更多，同时也希望得到更多的回报。当她发现她付出的远比她所获得的要多，而且她心情正好又处于低潮时，她会产生怨恨的感觉，而对象有可能是她的伴侣、工作、生活、父母或其他。男友在这时候千万别指责她，也不要尝试立即把她从这种情绪中拉出来。

如果女友说："我讨厌我的主管，他对我要求太多了。"

男友千万别说："他可能不知道你已经做了很多事了，他只是希望你能有最好的发挥。"或"你应该告诉他你的负担够大了，直接拒绝他。"

你可以说："他不知道你做了这么多事，他到底想怎样？"然后，听她抱怨。

如果一个女人因为某件事而产生怨恨的感觉，她最不希望的就是对方将那件事看得一点也不重要，反而认为她小题大做。她需要的是把事情说出来，发泄一下她的情绪，希望对方跟她站在同一阵线上。这也就是亲密关系的意义所在，她希望对方是她的亲密盟友。

女人希望与男人分享完全的自己，需要知道自己是否被深爱着。

男女间愉快地相处，从恋爱到顺利地订婚、结婚，必须练习两大技巧：道歉与原谅。这两种技巧就像飞鸟的双翼，没有它们，爱的飞鸟就无法飞翔。道歉与原谅是相辅相成的。当一方勇于道歉时，另一方要原谅就很容易；当一方常常心胸宽大地原谅对方时，对方自然愿意诚心地道歉。如果一个男人知道他不会被原谅，道歉对他来说自然是多此一举了。

以下是几点向女友道歉时的建议。

（1）先说你很抱歉。

当你先说你很抱歉的时候，表示你愿意放开你的耳朵听她的抱怨。简短地向她说你抱歉的原因，不要做任何解释，越简短效果越好。

（2）认真倾听她的反应。

当你说抱歉时，表示你关心她，愿意听她表达她的感受。一旦她表达完了，千万不要解释或和她争辩。如果她还有更多话要说，就让她说个够，如果没有，可以采取第三个步骤。我们知道听女人抱怨不是件容易的事，只要你尽力而为就好，毕竟一时的忍耐可以避免几个礼拜的不愉快。当女人心情不好时，她希望对方能够了解那种感觉。

（3）用负面形容词进行解释。

当你犯错了，请记得用负面形容词描述你所犯的错。以下是几个以负面形容词描述的例子，让我们看看女人会有什么样的感觉。

当你说："很抱歉我迟到了，我真是太不体贴了。"

她会觉得："没错，你真的很不体贴。既然你知道我的感觉，我心里就好过多了，只要不是每次都迟到就好了。你不需要凡事完美，只要你想到我在等你就好，没什么，我原谅你。"

当你说："很抱歉，你在宴会中受到冷落，都是我太不体贴了，这是很糟糕的事。"

她会觉得："对啊，你真是太不体贴了，但是你能够了解就表示你不是真的那么糟糕。我想你并不是故意要在宴会中冷落我的，我愿意原谅你。"

当你说："我很抱歉说了不该说的话，我太容易生气了。"

她会觉得："你太生气了，所以根本听不进我说的话。我想我也有错，至少你是在乎我的，所以试着听我说话，我应该原谅你。"

在以上几个例子当中，男人用几个负面形容词：不体贴、容易生气、糟糕等。女人对于男人用这些形容词来道歉，永远不嫌烦。就像男人听到"谢谢你""很有道理""好主意""感谢你的耐心"等话语，也永远不嫌烦一样。

男人必须使用适当的字眼向女人道歉才会奏效；而女人在原谅男人时也是有方法的。例如，

当他说："很抱歉我迟到了，我实在太不体贴了。"

你应该说："没关系，下次再打电话给我吧！"

当他说："很抱歉，你在宴会中受到冷落，都是我太不体贴了，这是很糟糕的事。"

你应该说："没什么，只要知道你不是故意的就好了，我相信你会补偿我的。"

当他说："我很抱歉说了不该说的话，我太容易生气了。"

你应该说："谢谢你，你不需要说这些，你能试着去了解我的想法，我就很感激了。"

当一个女人以上述表达方式原谅对方时，可以避免激怒男人，并使他更有责任感、更能体贴自己的需要。

如果男人的道歉都能得到对方的原谅，他会越来越体贴。

而女人如果能够体会宽容原谅的力量，她可以抛开那些使她怨恨的小事，不让这些不满在她心中累积，反而变得更关爱对方。

因为人的性情不同，文化修养不同，气质不同，职业不同，爱好不同，追求不同，他们的表达方式、言谈内容都会不尽相同。但是，根据人的共性规律，可以总体列出一个"大纲"：在理想上要谈得远大些、实际些；在感情上要显得丰富些，情真意切些；在情态上要表现出诚恳、稳重；在情爱的流露上要含蓄；在学识上要表现得渊博……当然，谈恋爱是门高深的学问，更是一门学无止境的艺术，恋爱本身又是多种因素的总和。

只要真正地、艺术地把握对方的心理，在你充满情趣的语言巧克力的轰炸下，他（她）的抵抗只是暂时的，这样，在倾听你的甜言蜜语之后，你的初次交谈一定会获得成功。

来点调侃，谈话更有情趣

学会调侃，不仅可以营造愉悦的社交氛围，把严肃的谈话变得活泼轻松，使枯燥的话题富有情趣，更能增加彼此之间的亲和力和认同感，从而一扫精神上的羁束紧张，减轻生活的压力，有益于身心健康。

调侃并非无聊地戏谑、矫情地卖弄，不是刻意地去制造一些令人生厌的庸俗笑料，它有别具一格的语言特色，它能让诙谐、幽默、妙趣横生的话题更有趣味。高明的调侃并不容易，需要常识，需要涵养，需要语言功底，需要独到的见解和有创意的思维，需要广博的阅历和丰厚的生活积淀。

在生活中，如能换一种心态，调侃一下生活，生活就会变得很快乐，每天都会呼吸到新鲜空气。会调侃的人还懂得如何给生活添加作料，受到不公平待遇也会泰然处之，即使心情郁闷，也能通过开玩笑的方式给别人传达某种信息。

在网络上，有人这样去调侃：

漂亮点吧，太惹眼；不漂亮吧，拿不出手。学问高了，没人敢娶；学问低了，没人敢要。活泼点吧，说招蜂引蝶；矜持点吧，说装腔作势。会打扮，说是妖精；不会打扮，说没女人味。自己挣钱吧，男人望而却步；男人养吧，说傍大款。生孩子，怕被老板炒鱿鱼；不生孩子，怕被老公炒鱿鱼。唉，这年月做女人真难，所以要对男人下手狠一点。

帅点吧，太抢手；不帅吧，拿不出手。活泼点吧，说你太油；不出声吧，说你太闷。穿西装吧，说你太严肃；穿随便一点吧，说你乡巴佬。会挣钱吧，怕你包二奶；不挣钱吧，又怕孩子断奶。结婚吧，怕自己后悔；不结婚吧，怕她后悔。要个孩子吧，怕没钱养；不要孩子吧，怕老了没人养。这年头做女人难，做男人更难。男人，就要对自己好一点！

这是一种快乐的调侃，虽然没有太多深刻的含义，但调侃终归是调侃，有点道理，有点情趣，能博人一笑就行了，因为生活需要这样当快乐。

在人际交谈中，如何能调侃一下自己和别人，不但能增加谈话的趣味，还能获得一份好心情。我们看这个例子。

在小区活动室玩牌的老张好久都没出现了。今天来，牌友老刘就问："老张啊，怎么这几天都没看见你啊？"

老张装出一本正经的样子说："别提了，我被'双规'了！"

老刘吓了一跳，忙问："啊？贪污了？不会吧！"

老张这才嘿嘿笑道："哈哈，我儿子、儿媳妇找我谈话喽，宣布我必须在规定时间、规定地点接送小孙子上幼儿园。"

说到这里，众人才恍然大悟，气氛一下子变得轻松融洽。

调侃不仅能增加谈话的趣味，还能躲避一些敏感的话题和一些不能正面回答的问题。在调侃中，你转移了别人对某个问题的关注，让紧张的气氛变得轻松。

我们再看看这个例子。

冬冬在路上邂逅多年未见的女同学，对方激动得手舞足蹈，这一情景被冬冬的女朋友看在眼里，心里很不是滋味。事后，女朋友就问冬冬那个女同学是他以前的恋人吗？冬冬一脸无辜地解释说："老婆大人，小的冤枉啊！我素来都有惧内的优良传统，从来都是你指东我不敢往西，哪敢做出有违圣旨的事啊？再说我这种一不高，二不帅，外加一个空口袋的人，她怎么会看上我呢？也就你看我一个人孤苦伶仃怪可怜的，出于人道主义收留我，我感恩戴德还来不及呢！"

冬冬的调侃令女朋友笑开了怀，使劲捶了他一拳说："哼，叫你贫嘴！疼不疼？"

冬冬接着说："痛并快乐着。这就叫执子之耳，与子偕老！"

面对女友的怀疑，冬冬用诙谐的语言调侃自己，成功转移了话题，还博得了女友的欢心，两人关系更加亲密和谐。所以说，严肃的事轻松表达，伤心的事玩笑表达，别人也会从你的调侃中感受到你深深的智慧。

此外，"篡改"一些脍炙人口的经典语句，让人乍听起来感觉熟悉但是细听才发现意思不同，也会起到很好的调侃效果。一些经典名句、熟语、歌词、广告，等等是这种借鉴式调侃的最佳原料。比如：

钱不是问题，问题是没有钱。

钻石恒久远，一颗就破产。

水能载舟，亦能煮粥。

一山不能容二虎，除非一公和一母。

这个世界本没有路，走的人多了，有路也没有用了。

丑媳妇迟早见上帝。

洛阳亲友如相问，一手好牌愣没胡。

众里寻他千百度，蓦然回首，那人却在，结婚登记处。

喝八宝粥，吃八宝饭，品八宝茶，睡八宝山。

思想有多远，你就给我滚多远。

适当调侃能增强谈话的趣味，能巧妙转移话题。但调侃也不能过度，否则也会引发别人的怀疑，以为你不尊重他，是在嘲笑他。因此，调侃要看时间、地点、对象，说话要区分轻重，这样才能使调侃为你的口才增添光彩。

第六章
谈吐简洁，话说多了不甜

亚历山大·汤姆曾经说过："我们进行谈话如同是一次宴会，不能吃到很饱才肯离席。"中国也有句古话："话多了不甜"，话多了不仅不甜，还会让人厌烦，即便是赞美他人的话语反复念叨也会淡而无味。有些人在说话的时候，总是喜欢喋喋不休、滔滔不绝。这样不仅无法表现出他们的交际口才，反倒会惹人厌烦。

言不在多，达意即可

在我们身边，有一些人讲起话来喋喋不休，但经过仔细琢磨就会发现原来言之无物；有的人出言看似高深，但言语晦涩，听得你一头雾水；有的人口若悬河，滔滔不绝，但实际上是虚张声势；有的人辞藻华丽、巧言谄媚，实际上是哗众取宠。其结果往往是，不仅不能说服众人，很可能还会使自己的利益受到损失。

马克·吐温曾经讲过这样一个故事。

"有个礼拜天，我到教堂去，适逢一位传教士在那里用令人哀怜的语言讲述非洲传教士苦难的生活。当他说了 5 分钟后，我马上决定对这件有意义的事情捐助 50 元；当他接着讲了 10 分钟后，我就决定把捐助的数目减至 25 元；当他继续滔滔不绝地讲了半小时后，我又决定减至 5 元；最后，当他讲了一个小时，拿起钵子向听众哀求捐助并从我面前走过的时候，我却反而从钵子里偷走了 2 元钱。"

马克·吐温用幽默的方式告诉世人：说话宜短小精悍，长篇大论、泛泛而谈容易引起听众的反感。

事实上，语言的精髓，在精而不在多，只要能表达清楚自己的意思就可以了，没必要"戴帽穿鞋"打扮得"太臃肿"。

墨子的一个学生曾问他："老师，一个人说多了话有没有好处？"墨子回答说："话说多了有什么用呢？比如池塘里的青蛙整天整天地叫，弄得口干舌燥，却从来没有人理它。但是雄鸡只在天亮时叫两三声，大家听到鸡啼知道天就要亮了，都注意它。所以话要说在有用的地方。"如果你留意就会发现，中外历史上的那些口才大师，都是喜欢而且善于运用简洁明了的语言的高手，他们惜言如金，言之既出则一针见血；他们语言简练，却深入浅出言之有物。

1984 年，新当选的法国总理洛朗·法比尤斯发表就职演说。第二天的报纸这样描述新总理的演说："还没等人们醒悟过来，新总理已转身回办公室了。"报纸并没有夸张，事实上，总理的演说词就两句："新政府的任务是使国家现代化，团结法国人民。为此要求大家保持平静的心态，拿出最大的决心。谢谢大家。"言简意赅，非常到位。

这短短的两句话就包含了几层意思：实现现代化就是奋斗目标；政府的任务就是团结人民，带领人民实现现代化；法国人民要拿出最大的决心。短短的话语既表明了政府的态度和决心，也对法国人们起到了号召的作用。

由此可见，简洁的语言不仅可以在短时间内表达完自己的观点，而且对于听者来说也更易于接受。所以，言不在多，达意即可。能以简练的语言表达丰富内容的人，才是口才的高手。

弯弯绕太多讨人厌

有这样一则笑话：一个慢性子人奉命照顾主人家的独苗小少爷。一天，主人外出，吩咐慢性子看管好小少爷。主人回来后，没看见孩子急忙问慢性子："小少爷呢？"

慢性子回答："……后花园。"

主人到后花园一看没有，又回来问："怎么没有啊？"

慢性子说："在井边玩。"

主人又到井边去找，还是没有，气急败坏地要打他，慢性子这才说："掉井里了。"

"啊！为什么不捞啊？"主人大吃一惊。

"……都半天了。"

"都什么时候了还绕弯子，不能一气说完吗？"主人气得把慢性子打了一顿，开除了事。

这个故事虽然有夸张的成分，但是在现实生活中，有些人说话的确很爱绕弯。能一句话说完他们十句还说不到正题，能一个小时说完他们要说半天。他们为了在人前炫耀自己的这种能力，常常会故意把简单的问题复杂化，把本来可以说短的话说长。

1812年英美战争全面爆发前夕，美国政府召开紧急会议讨论对英宣战问题。会上，一位议员的发言从下午开始一直持续到午夜，发言者竟然不理会会场上大多数议员四起的鼾声。结果另一位议员又急又怒，甩痰盂向发言者头上掷去，才结束了那人的发言。待通过决议时，英国人已经打到了美国人的家门口。

很显然，这种"马拉松式"的发言，超出了听众的心理承受能力，无法让人接受，而因贻误战机，所造成的损失更是难以计算。

其实，说话的质量和说话的长度并不成正比。特别是在快节奏的今天，如果废话连篇，东绕西绕，啰里啰唆半天说不到正题，只会让听者讨厌，因为这是不尊重他人时间的表现。而且，喜欢弯弯绕有时还会影响自己人生的定位和成功。

以《少年维特之烦恼》《浮士德》等不朽名著蜚声世界文坛的德国大诗人歌德，就是因为意识到自己在说话时喜欢绕弯子，不适合当律师之后，从法学转为从事文学创作的。

青年时代的歌德曾攻读法学，获得法学博士的学位，成了一名律师。

有一次，有人请歌德在法庭上担任辩护律师。这位年轻的律师心潮澎湃，热情很高，他一走上法庭，就发表了一通演说："啊，如果喋喋不休和自负竟能预先决定明智的法院的判决，而大胆和愚蠢竟能推翻已得到证明的真理……简直是很难相信，对方居然敢向你提交这样的文件，它们不过是无限的仇恨和最下流的谩骂热情下的产物……啊！在最无耻的谎言、最不知节制的仇恨和最肮脏的诽谤的角逐中受孕的丑陋而发育不全的低能儿……"

这一段"带有一股热情的行吟诗人的气味"的辩护词，辞藻华丽而很有热情，充分显示了歌德潜在的文学才能，可惜效果并不好，旁听席上的听众公开表示对这种辩护的不满，并不时发出低低的嗤笑声，法官也微笑着摇摇头。结果，对方的律师抓住这个机会狠狠地驳斥和讥笑了他。

歌德被激怒了，随即用一种"戏剧性的感叹"来继续他的发言："我不能再继续我的发言，我不能用类似的这种渎神的话来玷污自己的嘴，对这样的对手还能指望什么呢……需要有一种超人的力量，才能使生下来就瞎眼的人复明，而制止住疯子们的疯狂，这是警察的事。"

这次连法官们也不能保持缄默了，法官向他指出，这样的发言不能被允许，法庭上不能用这种语言来进行辩护。歌德的第一次出庭辩护就遭到旁听者的非议，受到法官们的指责，以失败告终。

后来，歌德思虑再三，终于放弃了律师的生涯，转而从事文学创作。

虽然歌德具有非凡的驾驭语言的能力，但是他的辩护绕弯子太多，让人不知所云，说服力不强。不但说服不了律师，连旁听的人也不明所以，作为律师，显然不适合。

其实，不仅是在法庭辩护中，就是在其他场合，说话也要简洁明了，因为说话不是自说自话，是为了让人们明白你的意思。如果说了半天还云山雾罩，不见庐山真面目，谁都会失去耐心的。

某些特定的时候，滔滔不绝、出口成章是一种水平，但善于概括、词约旨丰、一语中的更是一种水平，而且更为难得，因为浓缩的都是精品。因此，要有精品意识，多出精品才是对自己宝贵时间的节约，对他人的尊重。

简洁说话有威力

有些人可能会问，简洁说话能把道理说明白吗？特别是需要说服他人时，简单的话语能有强大的威力吗？

其实，简练的语言是对丰富内容的高度概括。正是因为发言人能够根据实际情况灵活机动地调整自己的思维，能把自己的千言万语汇成几句话，所以，它比那些长篇大论更能增强说服力，更具有威力。

第二次世界大战，英法联盟之一的法国投降，英国孤立无援地同纳粹德国作战。不可一世的德国人以为英国也会像法国那样不堪一击，因此，希特勒在 1940 年 7 月 19 日的帝国国会做了长篇演说，先是对丘吉尔进行了一番痛快淋漓的臭骂，而后"语重心长"地劝说英国人民停止抵抗，并要求丘吉尔做出答复。

可是，希特勒没有料到的是，就在他的这番劝诫发出不到一个小时，英国广播部门就用一个简单的词作出了答复："NO!"

后来，人们才得知，当时的这个"NO"不是英国政府通知广播部门的，而是广播部门的职员在收到希特勒的演讲后自行决定播出的。

丘吉尔得知后激动地表示：他为他的人民感到骄傲。因为这正是丘吉尔要对希特勒说的话。

在战争期间，惜时如金。这位广播员能够用一句话表明英国人民誓死不屈、奋战到底的决心无异于给德军迎头重击。而且广播员那简洁明了的清晰声调，也使人备受鼓舞，不仅说出了广大英国人民保家卫国的心声，就连那些持观望态度的人的态度也因此坚定起来。因为他们通过广播员坚定的声音，感受到了英国人民充满必胜的信念和积极向上的力量。

可见，简洁有力的话语有时就像战鼓和号角一样，在关键时刻确实能起到鼓舞人心的作用。

1981 年，世界杯排球赛最后一场是中日之战，中国女排轻松地赢得了第一局、第二局，眼看世界冠军近在咫尺。可是，也许是女排姑娘们太兴奋了，轻视了对方，接下来的第三局、第四局稀里糊涂地输给了日本队。尽管主教练袁伟民一再喊暂停，面授机宜，却不见成效。

排球比赛虽然只是体育赛事中的一项，可是当时，我国的体育事业在世界舞台上刚开始崭露头角，全国人民都期盼着中国女排的胜利，这会给中华民族带来强大的自信。所以，观众看得都十分着急，万分担心。此刻，怎样才能使女排姑娘们镇定下来，无愧于铿锵玫瑰的称号，不负祖国人民的厚望呢？

接下来，在第五局开始前的短暂时间里，袁伟民只说了短短几句话：

"要知道，我们代表的是中华民族，祖国人民在电视机前看着你们。要你们拼，要你们搏，要你们胜。这场球不拿下来，你们要后悔一辈子！"

就是这短短的几句话，女排姑娘们牢牢地记在心中了。在连失两局的情况下她们奋勇拼搏，胜了第五局，赢得了全场比赛。

虽然，比赛间隙，袁伟民只说了短短的几句话，但是却有着千钧的重量。袁伟民的话语含义深远。首先，他将比赛和中华民族的精神和尊严、祖国人民的期望以及这场球的关键意义联系起来，让姑娘们不能轻视；更重要的是他将赛事和女排姑娘们自己的人生辉煌联系在一起，使她们想到自己肩头的重托，让她们感到此时不搏更待何时，这样就化压力为巨大的动力。可以说，袁伟民短短的话语起到了稳定军心、振奋精神的作用，这对中国女排赢得世界冠军非常关键。

由此可见，越是在分秒必争的关键时刻，简短的话语越可以发挥"定乾坤"的作用。

讲话要抓住重点

简单说话之所以受人欢迎，就是因为简单说话总是能让听众在最短的时间内，听到他们想要听到的或者应该听到的东西，总是能让人很快就明白发言者说话的关键所在。那么，说话的时候，最关键的东西又是什么呢？

人们常说："说话要说到点子上。"这个"点子"就是关键部分。

从前有个客商新开了一家酒店，为了招徕顾客，特备厚礼请几个秀才为他写一块招牌。

甲秀才为了显示自己的文采，大笔一挥写下了一副对联："借问酒家何处有，此处就是杏花村"，横批是"好酒在此"，给了店家。

众秀才看到议论纷纷。乙秀才不甘示弱地指责"此处"二字太啰唆；丙秀才也说"有"字纯属多余；丁秀才则认为让写门牌没必要搞成对联形式。

结果，甲秀才带着几分怒气唰唰几笔把其他字都抹掉，只留了个"酒"字。结果，店家很高兴。因为这样一来既醒目又不用给秀才们多付钱了。

结果，这个斗大的"酒"字被挂出后，格外醒目，远近好几里都能看见。

这个故事说明不论说话还是写文章都需要简练，要抓住关键，说到点子上，让对方在最短时间内明白自己的意思。只要能把关键的意思表达出来，其余部分都可以割舍。因此，说话的时候，要考虑好哪些是最重要的，哪些又是最紧急的，找出问题的关键点，将之简练地表达出来。

在林肯当律师的时候，有一次，他为当事人打官司，在那个官司审判的最后一天，对方律师整整花了两个小时来总结案情。林肯本来可以针对他所提出的论点逐一加以驳斥，但他并未那样做，他只抓住了对方最关键的进行辩驳，结果赢了这场官司。

对此，林肯曾说：在一场官司的辩论过程中，如果第七点议题是关键所在，我宁愿让对方在前六点占据上风，而我在最后的第七点获胜。这一点正是我经常打赢官司的主要原因。

这也说明了抓住重点、一招制敌的道理。

抓住重点，就不会浪费自己和别人的时间，就能有效利用资源，就能在最短的时间内说出自己最想说、最该说的话，让听者听到他们最想听的内容。

简洁不等于简单

有些人可能会认为，要做到说话简洁还不容易吗？只要话语简短不就可以了吗？不是的，语言简洁是指语言表达要简明扼要、高度凝练、言简意赅。如果话语简短而说明不了意思，或者话语表达得模糊，会令人产生误解。所以，简洁不等于简单。如果仅仅是为了追求简短而使语意模糊，便会给人们带来很多麻烦。

在第二次世界大战期间的英国，就曾发生过因为语言简单、表达的语意模糊而导致对方误会的事情。

当时，由于德军经常空袭伦敦，英国空军时刻保持高度警惕。一个浓雾漫天的日子，伦敦上空突然发现一架来历不明的飞机，于是战斗机立即升空迎击，可是，等他们靠近后才发现原来这是一架中立国的民航机。在他们无法决定应该采取什么措施的情况下，向地面指挥部报告了这一情况，得到的回答是："别管它。"

这三个字的确够简单了，于是，英国战斗机听到后就把这架民航机打落了。因为"别管它"可以有两种解释：一种是"别管它，任它飞"，另一种则是"不管它是什么飞机，先打下来再说"。偏偏英国空军理解成"宁可错杀一千，不可放过一个"。可想而知，英国为此支付了怎样的一笔巨额赔偿。

是的，语言简短有时是很难将复杂的思想感情清晰地表达出来的，如果在万分危急的时刻，再掐头去尾，听者怎能理解到位呢？所以，话语简练并不是为了追求简单而用模糊不清的语言去表达。只有恰到好处、表达清自己的意思的才是真正的简洁。

中国人民大学的金正昆教授曾经谈到这样一件事。一次，中国作协的一位作家的皮鞋坏了，拿到修鞋的摊位去修。修鞋师傅问他哪儿的，他回答"作协"的。修鞋的师傅马上就有些不满意了。他认为，既然都是"做鞋"的，我辛辛苦苦天天风吹日晒，一天最多挣100元，可是你一双皮鞋就800元，而且还是进口的名牌，太不公平了吧。这就是那位"作协"的语言表达太简单造成的误会。造成了修鞋师傅的心理不平衡。可见，过于简单的语言有碍于人们相互间的了解和沟通。

谈到说话太简单，金教授还说，如果人民大学的教授在学校里或者是和圈内人说话，可以自我介绍说"人大的"。如果在社会上这样自我介绍，人们会马上问一句："北京人大的还是全国人大的？"完全把意思弄拧了，这也是语言表达太简单引起的。因此，简单说话要看场合，如果太简单容易让对方误会，就不能只为简单而简单。

总之，说话要简洁精练，既不拖泥带水，也要把自己的意思表达清楚，这样沟通才更有效。

培养简洁说话的能力

想做到说话简洁，需要从很多方面来强化自己。

清代画家郑板桥有诗云："削繁去沉留清瘦，画到生时是熟时。"说的是画竹需要化繁为简的能力。其实，不单是作画，要培养简洁说话的能力，同样也需要删繁就简。

具体来说，要锻炼自己在语言上的删繁就简的能力，可以从以下几方面做起。

1. 直奔主题

当你想发表观点时，不妨直奔主题，不用先说许多无用的铺垫话，如国家的什么政策，原文是什么，是哪天下发的等等，你完全可以直接说："我想说说关于节约用电的一些注意事项……"围绕你的主题，你可以进行尽可能简洁的表达，比如提醒大家随手关灯等，千万别节外生枝。

2. 学会概括

概括就是用十分凝练的语言，提纲挈领地把问题的本质特征描述出来，让对方能够很快了解自己的说话意图。为了锻炼自己的概括能力，可以找一段文章，自己对文章大意用尽量简短的语言表达出来。另外，在说话时，要锻炼自己迅速选好角度、组织语言的能力。这样慢慢锻炼，就会有成效。

3. 多用短句少用长句

简洁的语言一般都通俗明快，因此在句式运用上，易说易听的短句更受欢迎。因为长句一般听起来比较费劲，若要追求辞藻的华丽、句式的工整，则必然显得拖沓冗长。因此，要多用短句，表达效果明快、活泼有力，还可以表现出激动的情绪、坚定的意志和肯定的语气。

4. 学会应急

由于受客观环境的限制，有时容不得你长篇大论，只能三言两语。此时，唯有简明扼要的话语，才能显示其特有的锋芒。因此，可以有意识地锻炼自己在各种紧急场合下的语言表达能力。

5. 限时反驳

很多时候人们的话语是有意义的，但是缺乏针对性，太宽泛，也会让听者抓不住他们所表达的核心意思，这样的表达显然是失败的。对于有这种缺陷的人，可以通过限时反驳的方式来锻炼自己。

我们知道，反驳他人时不需要面面俱到，也不能模棱两可，要抓住本质，击中要害。此时的话语应非常简洁。因此，平时可以有意识地为自己设几道限时反驳的论辩题进行限时训练，每题限时 2 分钟做出反驳，面对录音机说，说后复听，看看是否击中要害。这样也可以提高自己简洁说话的能力。

比如，

人为什么有两只手、两只耳朵、两条腿，却只有一张嘴？

什么样的学生是最好的学生？

能人不是完人。我当了厂长，一个人救活一个厂，养活了几百人，吃点喝点有什么不对？现在是社会主义的初级阶段，初级阶段不可能尽善尽美，大吃大喝在所难免……

总之，找到几个难以反驳的话题，让自己限时反驳，即可锻炼简洁说话的能力。

6. 注意观察他人的反应

在日常生活中，在与他人的沟通时要注意观察对方的反应。如果对方对你说的话感兴趣，就会作出积极的反应；如果对方表情冷淡、哈欠连连，你就要赶紧"刹车"，适可而止。这样也可以提醒自己说话简洁些。

在瞬间展现精彩

1863 年 7 月，美国南北战争中的一场决定性战役，在华盛顿附近的葛底斯堡打响了。经过三天的鏖战，北方部队大获全胜，战后，宾夕法尼亚等几个州决定在葛底斯堡建立因维护国家统一而牺牲的烈士公墓，公葬在此牺牲的全体将士。

这次仪式的主讲人是艾弗雷特，林肯只是由于总统的身份，才被邀请在他之后"随便讲几句适当的话"。

这对林肯来说，有很大的难度，因为艾弗雷特不仅是个著名的政治家和教授，而且是当时被公认为美国最有演说能力的人，尤其擅长在纪念仪式上的演讲。在这种情况下，怎样讲才能抓住听众的心呢？

林肯沉思片刻，决定以简洁取胜，结果他的演讲大获成功，尽管整个演讲只有10句话，从上台到下台不过2分钟，可掌声却持续了10分钟。当时的报纸评论说："这篇短小精悍的演说是无价之宝，感情深厚，思想集中，措辞精练，字字句句都很朴实、优雅，行文完全无疵，完全出乎人们的意料。"就是艾弗雷特本人第二天也写信给林肯道："我真佩服您，仅用了2分钟就说得明明白白。"

后来，林肯的这次出色的演讲词被铸成金文，存入牛津大学图书馆，作为英语演讲的最高典范。

林肯这次演讲取得巨大的成功，给了我们一个启示：话不在多，在真、在精、在诚。

耶鲁大学在举行300年校庆盛典时，德高望重的校长致辞连标点算在内也只有169个字，但它却囊括了耶鲁大学整个的发展史，这短短的"一分钟"发言是这样的：

"今天，我们不要只说耶鲁的历史上出了五位美国总统，包括近几十年接踵入主白宫的老布什、克林顿和小布什；也不要只说耶鲁是造就首席执行官最多的大学摇篮。我们更应该记住，耶鲁的毕业生中有 3 位诺贝尔物理学奖、5 位诺贝尔化学奖，8 位诺贝尔文学奖和 80 位普利策新闻奖、格来美等奖项的获奖者。耶鲁，我们的耶鲁，自始至终坚持为人类文明和社会进步服务的理念！"

"三百年与一分钟"，鲜明的对比反差足以让在场的每一位听众动容，简洁的言语就是这样散发着迷人的魅力。

某单位有两位年轻的司机，因为单位精简人员，两个人必须有一人下岗。于是，单位搞了一个竞争上岗，让两个人分别谈自己对将来工作的想法。

第一个小伙子上场演讲时，说自己要如何把车收拾得干净利索，如何遵守交通规则，而且做到省油，不给单位增加负担。滔滔不绝地讲了半个多小时才讲完。

可是，第二位司机只讲了不到三分钟就下来了。他说他过去遵守了三条原则，现在他仍遵守三条原则。他的三条原则就是：听得，说不得；吃得，喝不得；开得，使不得。

众领导一听，好！最后这个发言简练的司机被留下了。

这个司机就是用高度概括的语言表达了自己的工作态度，从而从竞争中胜出。

这就是简洁的语言在瞬间展现的精彩，让说者自信、畅快，让听者动容、佩服。

第七章
委婉含蓄，避免冲突与尴尬

委婉含蓄是生活中常见的一种巧妙的表达方式。比如，若是谁家大龄女子还未婚配，人们可不能说"她还没有找好对象"，或"她还没有嫁出去"，常见的得体说辞是："她还没有动姻缘。"按照传统的说法，姻缘是天生的，因此，之所以成为剩女和其自身的素质或其他客观原因无关，只是因为婚姻的缘分尚没有到而已。

真正的口才高手说话张弛有度，进退适宜。他们或直指对方，咄咄逼人，达到震慑对方的目的；或委婉曲折，循序渐进，达到使对方心领意会的目的。

直言直语讨人嫌

我们知道，坦诚的话语可以赢得人们的好感，使交往顺利，可是，坦诚并不等于口无遮拦、直言直语，任何时候都无所顾忌。

日常生活中不乏一些心地善良而又率性而为的人，心里想什么嘴上马上就说出来，从来不经过大脑思考一下。虽然他们内心善良，可是，他们的好心一经自己的嘴说出来就完全变了味，即使是好意，他们所说的话也不容易让人接受。

小宝是一家公司的职员，他的心地是公认的"好"。可是，别人虽然都称赞他心眼好，但对他的人缘却不敢恭维。小宝的确朋友不多，不但下了班没有应酬，在公司里也常独来独往。这是为什么呢？因为他说话总是直言直语、不加修饰，因此人们都尽量躲着他，以防被他口无遮拦地"轰炸"一番。

比如，一天，小宝的一位女同事穿了一件新衣服，没料小宝劈头就是一句："像你这种腿短而粗的人不适合穿这种裙子。"结果，该同事脸一沉，扭头便走。

再如，有个新来的同事往纸篓里倒茶叶，弄得地面湿淋淋的。小宝看不惯，边收拾边忍不住说："你这孩子在家里肯定娇生惯养，怎么这么不懂事啊！"

小宝不但对同事如此，对上司也是直言不讳。一次他看到上司的发言稿有一些错字，就自告奋勇改了起来，改好后告诉了上司，想以此显示一下自己，没料到上司的脸色顿时由晴转阴。

尽管小宝说的都是实话，可是，他这种不顾他人脸面、总是口无遮拦的方式让人感觉实在不好接受。不久后就有人传言，小宝惯于打击他人，抬高自己……小宝实在想不通，实话实说有什么错？

实话实说本身没有错，而且也是做人正直的根本，但这并不意味着在所有时候，不分场合都可以口无遮拦，一律直言。我们所处的社会是纷繁复杂的，如果不加选择、不分对象，一味不注意方式地实话实说，那只会破坏自己的人际关系。

生活本身就是艺术，既然是艺术，就要用艺术的方式来对待，不能不注意方式，说话太直白。假如没有经过考虑直接说出口很容易产生一些自己不想要的后果。说过的一句话就等于投入池塘中的一块石头，它会掀起层层波澜。因此，要懂得对自己说的话负责任，不要想什么就说什么，等说出去了再后悔就已经晚了。如果是直接批评他人，就是一种消极和否定的语言暗示，不是使人抵触反感，就是使人顾虑重重，增加心理压力。

比如，一位中年妇女买了一块很鲜艳的布料，征求丈夫的意见，如果丈夫毫不顾忌地直言："你这么一大把年纪了，还穿这么鲜艳的衣服，岂不成老妖婆了？"可想而知，这样生硬的话会怎样伤害妻子的自尊心。

由此看来，不论在社会中还是在家庭中，处世口才要三思而后行，要在充分考虑后果的基础上说话。

委婉表达弦外之音

在现实生活中，谁都想听好听的话，谁也不想得罪他人。可是，有时候你却不得不说一些对方不愿意听或者对对方不利的话。

通常，当你不得不说的时候，对方不但不认错反而会反过来责问你："为什么不早一点儿告诉我？"因此，说出这些话会让人们大为苦恼："我怎么专门做这种得罪人的事呢？这话可真不好说啊！"

那么，如何才能把一件不便说出口的事表达出来呢？这就需要你委婉地说话，让对方听懂你的弦外之音。

在一家高级餐馆里，一位初来乍到的顾客因为不懂得使用餐巾的方法，他便把餐巾系在了脖子上。餐厅的经理见状感到很不雅观，叫来一位服务生说："你去让这位先生懂得，那样做是不妥当的。但是，你不能激怒了那位先生。"

服务生接受了任务前来劝说顾客，可是，直接说餐巾应该如何放，顾客可能不会接受。因此，这位服务生稍微思考了一下，来到那位顾客的桌旁，很有礼貌地说：

"先生，我想向您请教一个问题。"

那位脖子上系餐巾的顾客看到服务生满脸真诚的微笑，还弯下身子，不知要请教什么，大度地说："说吧，凡是我知道的，一定知无不言。"

服务生笑了一下，看着他脖子上的餐巾说："其实我只是想随便问一下，你是想刮胡子呢还是要理发?"

那位顾客愣了一下，马上明白了服务生的意思，不好意思地笑一笑，取下了餐巾。

这个服务生是个十分机智的人，他既没有驳顾客的面子，又让顾客从自己的语言中明白了了话外之音。这就是委婉表达的妙处。

试想，当时如果服务生直接指出顾客的做法不对，客人不容易接受，若是脾气大点儿的顾客甚至可能会大吵大闹起来，影响其他顾客就餐。而巧妙地用弦外之音，对别人的错误点到为止无疑是不错的选择。

因为，委婉表达是为了帮助对方，而不是为了贬低对方，故以适可而止、给对方留有余地的方式为好，这会令对方对你充满感激。

不但在服务顾客时需要委婉表达，就是在日常生活中，也需要注意用委婉的口气来表达自己的不满或者看法，这也是尊重他人的表现。

比如，有一位朋友不邀而至，贸然闯进了你的办公室。如果直接告知对方"来的不是时候"，很可能让他不高兴。这时，可以换用一些委婉的语言来表达："什么风把您吹来了，真是稀客。我本来要去参加公司的例会，可您这位稀客驾到，我岂敢怠慢。所以专门告假 5 分钟，坐下来跟您叙一叙。"这句话的"话外音"，乃是告诉对方"只能谈 5 分钟时间"。这样说，既没有怠慢对方，又使对方不好意思多打扰。

在处世中，委婉用语使用得当可以让人掌握主动权，进退自如，皆大欢喜。

比如，你向老板提出加薪时，如果直言自己的业绩，非要当面要老板答复不可。这样没有商量的余地，反而会使你以失败告终。

你不妨这样说："我已工作多年，有丰富的工作经验和实际能力。我想我的薪水是否应高于该项工作的中等水平。这样才与我付出的劳动相吻合。"这种诚恳又含蓄的方式，会使老板觉得不过分又很愿意考虑你的意见。

另外，在家庭生活中对待自己的亲人，如果能够注意运用这种方式，也会减少摩擦，平息"战火"。

比如，当妻子下班后急急忙忙钻进厨房，忙活半天把菜端上桌后，丈夫和孩子先吃了一口，齐声说："天哪！怎么这么咸？这盐是免费发放的啊！"

试想一下，妻子会是怎样的反应？如果当天她情绪不好，也许会立马把筷子一摔："好哇！那你们做好了！"

可是，如果孩子先喊"好咸哟！"丈夫却尝一尝后说："还好嘛！可能对孩子咸了点。"妻子马上就明白丈夫的弦外之音，这时她也许会主动道歉："这次确实盐放多了，下次我注意点。"

还有，当丈夫总出差，老不在家，你可以淡淡地说："今天孩子说了，爸爸好像家里的客人，家好像成了旅馆。"他当然能听懂妻子的弦外之音。

不论是亲人还是陌生人，在和他们的相处过程中，总有一些话不好明白地说出来，这时，不妨把自己的弦外之意巧妙地传达出来。需要注意的是，委婉表达自己的弦外之音不能故弄玄虚，也不能太深沉，要根据对方的身份和文化程度说不同的话，要以让人能听懂为目的。

总之，很多时候，直接地表达未必能收到预期的效果，而间接委婉的说话方式往往能让人感觉舒服愉悦，可以把直言带来的负面影响减小到最低限度。

婉言批评胜过当面指责

批评是一个敏感的话题，哪怕是轻微的批评，都会使人感到难受，如果批评者态度不诚恳，或者居高临下，冷峻生硬，甚至会引发矛盾，产生对立情绪，使批评陷入僵局。特别是那些"心直口快"的人，在批评他人时，往往不能体谅对方的情绪，图一时"嘴快"，随口而出，过后又把说过的话忘记了，而在被批评者的心里却蒙上了一层阴影。

王斌是某大型私企的产品检验主管，他不仅人长得英俊，能力也是数一数二的，因此难免有些得意。

在工作中，他和助手因为对一个产品的质量标准问题发生了争执。助手说产品已经达到行业标准，而且现在离交付给客户的时间已经不多了，没有必要再做了。

而王斌对助手的这种态度很不满意，他说："我们自己苦点累点都没有关系，但要对客户负责，要对自己的职业道德负责。这次实验的意义非常重大，所以有必要再精确地做一次，以防万一。"

助手本来性格就有点急，再加上连日来加班身体疲惫，一听到这些话就有些恼火了。他反驳说："我哪一次没有对客户负责了？还用得着你来提醒我。难道全厂只有你一个人对客户负责吗？"说完，气呼呼地转身就走。

王斌以为自己是部门负责人，而且又有工作经验，这样就能使助手听从他的意见，其实他错了。

有的人批评人时总喜欢用"你应该这样做……""你不应该这样做……"仿佛只有他的看法才是正确的，这种自以为是的口吻只会引起别人的反感。

"人只有敬服的，没有打服和骂服的。"当你说出"你错了"或"你为什么这么笨？犯这样的错误……"这种直白的指责时，很容易挫伤对方的自尊。罗宾森在《下决心的过程》一书中说过一段富有启示性的话："人，有时会很自然地改变自己的想法，但是如果有人说他错了，他就会恼火，会更加固执己见。如果有人不同意他的想法，那反而会使他全心全意地去维护自己的想法。不是那些想法本身多么珍贵，而是他的自尊心受到了威胁……"

所以，在批评、纠正他人的错误之前，先要停一下，想一想如何更客观、更准确、更婉转地表达自己的意思，才能达到目的。

其实，批评不需要声嘶力竭的教训，有时候，温和友善的言辞比愤怒粗暴更有力。

美国一位著名的飞行员，经常参加飞行表演。有一次，他在返回洛杉矶驻地途中，飞机的两个发动机在 300 米高度时突然熄火，他凭着熟练的飞行技术使飞机降落了。虽然人无伤亡，但是飞机遭到了严重损坏，着陆后，他立刻检查，发现是机械师把燃料加错了。于是，飞行员要见见这位机械师。

当时，这位年轻的机械师得知因为自己的过失造成了昂贵的飞机如此大的损失，而且差点使三个人送了性命时，非常痛苦。当飞行员走近他时，他泪流满面，浑身发抖，他简直不能想象这位死里逃生的人会怎样惩罚自己的粗心大意。

可是，完全出乎他的意料，飞行员没有怒气冲冲地批评、指责他的失误，而是上前搂着他的肩膀说："为了向你表明我坚信你不会再这样做，我希望你明天为我的 F-15 提供优质的服务，如何？"

这位机械师被感动了，后来，他果然没有再犯类似的错误，而且干得更加出色。

"人非圣贤，孰能无过。"人难免会因一时的糊涂而犯错误。很多人做错事都不是故意的，当他们做错事时，内心里也在反省，觉得抱歉、恐慌、不知所措，此时如果再次遭遇严厉的批评指责，效果往往适得其反。性格懦弱的人会因此看轻自己、破罐子破摔，性格偏激的人会因此直接反驳，从而伤了大家的和气，影响团结。因此，假如对方真的错了，你必须让他承认并纠正错误。但切忌态度生硬，自以为是，不妨用委婉的语气指出他的错误，也许就会取得不错的效果。

1. 若无实有地提醒对方

一位人际关系学家说过："必须用若无实有的方式教导别人，提醒他不知道的好像是他忘记的或者是一时疏忽造成的错误。"如"你出这样的错，可能是不小心、缺乏经验造成的……以后做事，自己可要多加注意了。"或者说"我想，下次你一定不会再犯类似的错误了。"……诸如此类的话，对方不仅会感激你对他的信任，更重要的是，他会为了感激你的大度而提醒自己注意不再犯此类错误。

2. 商量的口气

纠正对方时，最好用委婉、商量的语气，如把"你不应该用红色！"改成"你觉得如果不用红色是否会好看一点呢?"这种商量的口吻可以维护对方的自尊心。

3. 把批评和建议融合到一起

另外，可以把批评和建议紧密地联系在一起，给对方指明改正的方向。因为有些人不一定知道自己的缺点，更不知道怎样做才是对的。此时，可以用这种办法。

比如，有客人要来你家吃饭，丈夫却在盯着电脑不动，不肯挪动地方，更没有做好任何准备。这时，你可以对他说："你能不能帮我摆好桌椅、碗筷，客人就要来了。"这样就从另一个角度婉言批评了丈夫的懒惰。

4. 自我贬低

人和人都是平等的，沟通中的双方也是如此，对某事持有不同的观点是常有的事。

如果有人说了一句你认为是错误的话，而你又想提醒别人，此时这样说会比较好："唔，我倒有另外一种想法，也许不对。如果不对，你就当耳旁风。"这样也会收到神奇的效果。

5. 及时补过

如果你批评对方时不小心说了令对方讨厌的话，也要委婉地说明："哎呀，你看我的嘴真笨哪！其实，我的意思是……"及时将自己的意见婉转地告诉对方，这样就可以避免伤了和气。

　　总之，在批评他人时要把握分寸，既要指出对方的错误，又要给对方留面子，另外，也要考虑场合问题，只要含蓄委婉地表达出你的意思让对方领悟就可以了，要尽量避免让对方当众出丑。给对方多些理解，他才会更容易接受你的批评或建议。

婉言相拒，不伤面子

　　生活中，你也许会遇到这样的事情：一个品行不良的熟人不知怎么打听到了你的工作单位或者你的家庭住址，死磨硬缠着你要向你借钱；你明知借给他钱无异于"肉包子打狗"，可是又磨不开情面；或者当你在公园遛弯儿时遇到一个熟识的人向你兜售物品，你明明不想买但不知怎样拒绝；或者至亲好友因为老人住院、孩子升学等问题前来找你帮忙；等等。能帮忙的自然要帮忙，可是，如果有些事是自己力所不能及的，就需要掂量一下了。

　　要知道，你的精力和时间是有限的，你也有自己的工作要做，你也有需要担负的各种责任，而且你也不是万能的，没有有求必应的本领。如果向别人承诺了自己不愿、不应、不必履行的职责，一旦事办不成，会让对方更生气。因此，该拒绝别人的时候就得拒绝。

　　当然，拒绝别人也需要技巧。虽然你们都是老朋友、老熟人，可以坦诚相见，互不隐瞒，但如果不考虑方式，直言拒绝，一次拒绝也可能把多年的朋友得罪。所以不到迫不得已，千万不要直接拒绝。拒绝他人时，最好能做到不招来非议和埋怨。

1. 对事不对人

拒绝应当对事不对人，不应看对方地位的尊卑以及双方利害的大小，而要视事情的大小、自己能否办成而定。如果对方要求你办的事超出了你的能力范围，比如工作调动等，你办不成，就要婉言拒绝，当然也可以给对方指一条路，让他们找某个人去试一下。这样对方考虑到你的实际情况或许会接受你的意见，也不会埋怨你。

2. 暗示

当对方的要求不符合公司或部门的有关规定时，你就要委婉地表达自己的工作权限，并暗示他如果自己帮了这个忙，就超出了自己的工作范围，违反了公司的有关规定。

老刘在单位负责行政管理，他邻居的儿子在报社当推销员。一次，找到他要推销报纸。虽然这种报纸和单位的经营没有丝毫的联系，老刘也不能一口回绝啊！因此他很有礼貌地请对方看了看单位订的报纸后说："我知道你们的服务很周到，可是今年行政费用缩减，我们只订阅了这几家和经营密切相关的报纸。"最后，老刘说："实在对不起了，请谅解。等明年效益好转一定考虑订你们的报纸。"

像这种暗示的方法，比直接拒绝要好得多。对方既明白了原因不再纠缠，也没有伤害彼此之间的情分。

再者，如果你是一个领导班子的成员之一，当有人托你办事时，也可以这样说："我们单位是集体领导，类似你这样的情况，需要通过集体讨论后才能决定。"

3. 拒此应彼

某电视台要举办一次歌唱比赛，一位民营企业家找到自己的朋友——电视台策划人说："你们比赛不是需要钱吗？我赞助2万元，你安排我当个评委怎么样？"这个人其实根本不懂艺术。面对对方的要求，策划人一拍对方的肩膀说："老兄，你的钱多得没处花了吗？把2万元扔到这里只为露一下脸，亏大了。还不如赞助我开个小餐馆呢，那样你还能去免费吃饭，多实惠！再说你想露脸去当观众，我让摄像给你个镜头，免费就可以露脸了啊！"

这个企业家一听，也不好再说什么。

可见，对于不合理的要求，可以拒此应彼，也就是说在拒绝对方一方面要求的同时，尽量满足对方另一方面的合理要求来作为补偿，以使对方的遗憾和失望之情得以缓解。

4. 让对方做决定

身在职场，许多下属很难拒绝上司的要求或者指令。比如，当上司把大量工作交给你，使你不胜负荷时，你可以主动请求上司帮你定出先后次序。例如，你对上司说："我现在有两个大型项目，5个小项目，我应该最先处理哪个呢？"明智的上司自然会懂得你的言外之意，不再强迫你。

5. 肯定对方的能力

当同事因为无关紧要的工作想让你伸出援助之手时，有人会直接回答："不行，不行，我没有时间。"或者"我能力不够，你另寻他人吧。"理由虽然不错，但如果连续用上两三次，也就不太好了。

这时，你可以打趣地说："其实这件事很简单，你一定可以应对自如的，被我的意见左右，可能不妙。"你如此肯定他的能力，估计他也不好再说什么。

6. 拒绝玩伴

有时，你想休息时，爱打台球的朋友却来找你。这时，你可以自嘲说："我们都是好朋友了，说出来不怕你们笑话，我学了几年可是一直都玩得不像样子，肯定会扫你们的兴。为了不影响你们的兴致，我还是不去为好。"

另外，一定要注意拒绝的态度和拒绝的时间。倘若对方是个胸襟开阔的人，那就及早说明原因；倘若对方毫无思想准备，遭受到出其不意的拒绝后可能会因此烦恼、痛苦，这时要以商量、研究作为借口，用拖延时间和旁敲侧击的方法，让对方意识到被拒绝的可能性。如果对方是你的上级或长辈，就要主动登门说明原因，委婉拒绝；如果对方是你的下级或晚辈，无论对方提出的要求合理与否，都不宜当众耻笑、训斥，而应耐心解释或暗示拒绝的原因。

倘若是合理的要求，即便自己一时不能解决，也要给予对方希望、鼓励，让对方耐心等待时机。这样会让对方感到虽然要求未能满足，但还是有希望的。得到你的鼓励，对方对你的好感也会加深。

总之，在拒绝别人时，无论采取哪种办法，都需要态度温和，尽量从对方的角度来看待事情，不能认为对方是故意给自己添乱。拒绝的语气也要很委婉。拒绝他人后，最好隔一段时间询问一下对方事情是否已经妥善解决了。这样，会让对方感觉你是一个诚恳的人，的确是你力所不能及，而非故意不帮忙。

暗示，让饶舌客知趣退让

在人与人之间，有一种特殊的相互影响的方式——暗示，即说话者出于自己的目的，采取隐晦、含蓄的语言，巧妙地向对方发出某种信息，使其不自觉地接受一定的意见、信息或改变自己的行为。那么，什么时候使用这种语言表达方式呢？

比如，当你茶余饭后，刚想静下心来休息一下，不料不请自来了饶舌客，东家长西家短，唠唠叨叨，没完没了，弄得你心烦意乱。你勉强敷衍，心不在焉，焦急万分，想下逐客令却难以启齿。此时，你该怎么办呢？你可以运用一些暗示的语言技巧，既不挫伤饶舌客的自尊心，又能使其知趣而退。一般来说，这种方法比较容易被对方接受。

1. 以借口暗示

比如，"最近我妻子身体不适，吃过晚饭就要休息。咱们是否说话小声一点？"

此话虽然用的是商量口气，但传递的信息十分明确：你的高谈阔论有碍女主人的休息，还是请对方少说为妙。

2. 以写代说

有些饶舌者可能大脑比较迟钝，虽然主人屡次暗示他们，但他们却执迷不悟。此时，对这些人可以用张贴字样的方法，表达自己的意思。

比如，在门上或者墙壁正中贴上"我家孩子即将参加高考，请勿大声喧哗"之类的字样。当饶舌客看到这些后，会自觉地停步。因为这些不是通过自己的嘴直接说出来的，而且又不是针对某一位来客，因而不会使哪位来客有太多的难堪。

当然，在饶舌客知趣地告辞时，主人可致意："真抱歉。让您意犹未尽实在感到对不起您。等孩子高考取得好成绩，一定不会忘记您的支持。那时咱们再好好聊。"这样对方也就没有什么怨言了。

3. 急中生智

小云是某公司的会计，每逢月底，总是她最忙的时候。可是，恰恰一次家里来了一位客人，坐在客厅里一直聊，很长时间都没有离去的意思。

小云想着自己要核对的账目，有些心不在焉，急得坐立不安。她突然看到园中的菊花，心生一计说："我家的菊花开得正旺，院子里空气也好，我们去看看吧！"客人于是欣然而起，到花园里观赏菊花。

看完后，小云趁机说："还去坐坐吗？"

这时，客人看看天色，恍然大悟，连忙说道："不了不了，我该回家了，不然会错过末班车的。"

4. 巧接对方的话题

有这样一个例子。晚饭后，几个青年人去拜访某教授。他们精力充沛，聊天的兴致很高，完全不顾教授是否疲惫。看看已经夜深，这些人还没有离去的意思，教授第二天要参加会议不能一直陪着。因此，当一个青年人提到建设和谐社区的话题时，教授巧妙地接过来说："你提的这个问题非常有研究价值，明天我要去一个大型社区参加学术会，正好就这个问题找几位专家一起探讨一下。"

几个青年一听立刻起身告辞："抱歉，不知道您明天还得出差，耽误您休息了。"

5. 无意中插话

比如，无意中问起对方是否很忙？然后再跟他说你最近很忙。一般情况下，稍微敏感点儿的客人，听完此话，肯定就会起身告辞。

以迂为直，给他人一个台阶

有两位推销窗帘的销售员一前一后来拜访某酒店的经理。当第一位销售员看到客户安装的是另一厂家的窗帘，得知了价格后，惊呼道："什么？这太过分了！您这么聪明的人居然还会吃亏上当？"

客户听了脸一下子拉了下来，虽然销售员说的是实话，可是这等于是在贬低自己的能力啊！因此，客户开始为自己辩护了，他说："好货总有好货的价钱，你不能以便宜的价钱买到高质量的东西。"结果，两人弄得不欢而散。

不久，另一位推销员又来到客户的办公室。他说："我看到你们酒店安装的窗帘了，真是不可多得的艺术品啊！"这位销售员不断地赞扬那些窗帘，并且说他要是负担得起的话，也希望在家里布置上这样的窗帘。

此时，倒是客户有点不好意思了。他说："说实话，这些窗帘确实美观，但是价钱也太高了，超出了我们的预算。我有些后悔安了这些窗帘。"这时，第二位销售员拿出自己的样品说："如果您以后需要的话，可以参考一下我们的花色和价格。"客户没有考虑更多就接过去了。

结果，第二位销售员不久就接到了客户的电话，他们在其他地方新建的酒店需要安装该厂的窗帘。

心理学研究表明：谁都不愿把自己的错处在他人面前曝光，一旦被人曝光，就会感到难堪。在上面的案例中，尽管第二位推销员赞扬竞争对手的产品也许是言不由衷，但是他为客户找了一个承认自己错误的台阶，最终达成了双方合作的目的。

北京市某路电车优秀售票员王桂荣，也非常懂得给他人台阶。

有一次，一个乘客要下车却忘了出示月票。看到这种情形，其他乘客有的指责，有的嘲笑，以为他是故意的。可是，王桂荣没有指责他，而是温和地问道："您是不是把月票忘在家里了？"听她这么一说，那男子顿时如释重负，立刻说："对，对，我补票。"她给那男子补了票，又语重心长地说："您下次可得注意啊！"那男子连连回答："一定注意！一定注意！"语音里充满了感激与内疚之情。

有时候，尽管是他人做错了，也不必让他当众下不来台，要给他一个纠错的机会。

三国时期华歆在孙权手下名声很大。曹操知道后，便请皇帝下诏召华歆进京。在华歆启程时，曾经与他共过事的亲朋好友都来为他送行，并且赠送了他几百两黄金和礼物。

华歆不想接受这些礼物。但是，如果坚持不收，肯定会使朋友们扫兴，于是他当时来者不拒，将礼物统统收下来。

酒宴即将结束的时候，华歆站起来对朋友们说："诸位的深情厚谊我心领了。我有心带走，但是，此去山高路远，这么多贵重之物在身，是否有点儿危险呢？"

朋友们听出了华歆的意思，知道他不想收受礼物，又不好明说，便各自取回了自己的物品。

可见，如果能够设身处地地为对方考虑，迂回曲折地表达你的意思，就能既保全对方的面子，又让对方在比较舒适的氛围中领悟你的本意，这实属上策。

模糊回答，远离旋涡

在处世中，模糊回答是一种明哲保身的方法。虽然在交友中，人们欣赏为人正直、疾恶如仇、心直口快的人，但是他们有时很容易给自己惹麻烦，因为"刚者易折"。有些人即使"患病在身"，也喜欢"甜药和顺言"。因此，正直的人有时也需要"揣着明白装糊涂"。

在《杨八姐游春》中，宋朝皇帝宋仁宗出朝游春，被八姐的美貌所迷倒，回朝定要娶八姐入宫。佘太君看过圣旨，有心不许杨八姐，可是，谁敢胆大抗君。于是，她模糊应对，要出了那份不听不知道、一听吓一跳的礼单。

她要：东至东海红芍药，南至南海牡丹根，西至西海灵芝草，北至北海老人参。这还不算，她还要更刁钻的：一两星星二两月，三两清风四两云，五两火苗六两气，七两炭烟八两琴音。雪花晒干要二斗，冰溜子烧灰要二斤，井里塌灰要二斗半，人参汗毛要七斤。四楞鸡蛋要八个，搂粗牛毛要三根，苍蝇心来蚊子胆，兔子犄角蛤蟆鳞。

这些不能称量的无形物却偏要你用秤称量出来，而且把彩礼想象到天地山河之大：蚂螂翅膀的红绣袄，蝴蝶翅膀的绿罗裙。泰山大的一块玉，河长的一锭金；天那么大的梳头镜，地那么大的洗脸盆。

好了，即使这些不可能办到的真的全办到了，仍旧还是不行。还有一个最后的条件，就是必得等到一定岁数、等到一定时间才能成亲。

我女儿在家算过命，八十八岁动大婚；泰山不倒女儿不出嫁，黄河不干女儿不成亲。

佘太君用这些揣着明白装糊涂的语言故意为难对方，结果自然是皇上没有娶到杨八姐了。

由此看来，在一些特殊场合，当碰到不便直接回答但又不能不回答，一时无法回答但又必须回答的问题时，就需要揣着明白装糊涂。

小丽是一个单纯的女孩，她在一家大型集团公司工作。可是，刚到单位，她就耳闻目睹了单位里的一些派别争斗。为了保存自己，她为自己定下了"多听少说"的"处世哲学"。

一天，同事神秘兮兮地对她说："小丽，我总觉得咱们的科长有点'那个'。你来几十天了吧，你对他的印象怎么样？"小丽沉思片刻回答道："我只是对他的印象挺深刻的。"同事听了这话，拍拍小丽的肩膀说："没想到你年纪轻轻还挺成熟。好，好，真有你的。"

在这里，小丽就运用了"模糊语言模糊答"的特殊策略，让自己置身事外。

另外，在一些新闻场合，也可以用这种模糊应对的方式。

我们知道，作为新闻发言人或者大众人物，接受记者的采访是很常见的。有些记者不但会提出一些使人为难发窘甚至十分荒唐的问题，而且还特别善于故意曲解被采访者的本意。因此，面对记者们刁钻的问题，若正面坦率地回答不适宜时，不妨模糊回答。

2010 年 8 月 4 日，黄光裕的一封要求召开股东大会罢免陈晓等职位的函件，正式拉开了国美控制权之争的大幕。对此，媒体质疑陈晓是否会在一年内离开。陈晓含糊应对说"媒体现在说法太多，无法一一回应。"

有小股东担心陈晓若留任，有千万人表示不到国美购电器，怎么办呢？王俊洲接过话题说：这是股东大会，不是董事会。他用这种打岔的语言带过了这个话题。王俊洲的回答也是模糊表态。

在涉及国家主权等比较敏感的外交语言中，更需要讲究委婉、含蓄、模糊。因为模糊语言多义性的特点恰好符合外交语言的要求。为此，外交家们常常用其回答敏感性问题以缓和交际气氛。

第二次世界大战期间，丘吉尔力主与苏联联合共同抵抗德国。当记者问他为什么替斯大林讲好话时，他说："假如希特勒侵犯地狱，我也会在下院为阎王讲好话的。"丘吉尔没有正面回答自己对苏联的态度，而是借比喻表明了联合苏联抗击法西斯的必要性，这种模糊语言无疑是高明的回答。

总之，"糊涂"与"明白"是一对冤家，如影随形，又常常互相换位。如果你能在适当的场合，装装糊涂，模糊应对，也许就能让你远离可能会吞噬你的旋涡。

第八章
把握分寸，让聊天对象很轻松

语言是有温度的，太低了会冷得让人不敢靠近，太高了会灼伤他人。

语言是有力量的，适度出击能保护自己，用力过猛容易两败俱伤。

不该说的话坚决不说，该说的也恰到好处。做人最重要的一点就是有分寸感。一个有分寸感的人，别人和他聊天时会觉得很轻松、很愉快，没有束缚，没有压力。

聊天要有分寸感

俗话说："看菜吃饭，量体裁衣。"我们平常说话也一样，要根据各种人的地位、身份、文化程度、语言习惯等来做不同的处理，把握好分寸，留有余地。赞扬不要过分，谦虚也应适当。

古时候有一则笑话，说一个人过分谦虚。有人到他家夸他家的花瓶漂亮，他说不过是一个粗瓶；又有人赞他衣服好，他又说不过是一件粗衣。当客人对月饮酒，道："好一轮明月。"他忙拱手说："不敢，不敢，不过是我家一轮粗月。"这种谦虚便近乎迂腐，以致令人觉得不真诚。

科学史上曾记载这样一件事。

一个年轻人想到大发明家爱迪生的实验室里工作，爱迪生接见了他。这个年轻人为表示自己的雄心壮志，说："我一定会发明出一种万能溶液，它可以溶解一切物品。"爱迪生便问他："那么你想用什么器皿来放这种万能溶液呢？它不是可以溶解一切吗？"年轻人正是把话说绝了，陷入了自相矛盾的境地。如果把"一切"换为"大部分"，爱迪生便不会反诘他了。

在电视里，我们经常可以听到这样一句广告词：没有最好，只有更好。这里它用了"没有""最好"，又用了"更"，烘托出该产品精益求精的品质，展现了该企业不断进取、勇于开拓的良好形象，不失为一条"绝妙"的广告词，比如今的"极品""世界一流"真实、有力度。

可见，"话多不如话少，话少不如话好"，既然这样，我们说话就一定要把握好分寸，不能胡说一通。在现实中，正人君子有之，奸佞小人有之；既有坦途，也有暗礁。一个人如果不注意说话的内容、分寸、方式和对象，不把好自己的"嘴门关"，往往容易招惹是非，授人以柄。因此，说话小心些，为人谨慎些，使自己置身于进可攻、退可守的有利位置，牢牢地把握人生的主动权，无疑是有益的。一个信口开河、喋喋不休的人，会显得浅薄俗气、缺乏涵养而不受欢迎。

你有得意的事，就该与得意的人谈；你有失意的事，应该和失意的人谈。说话时一定要掌握好时机和火候，不然的话，一定会碰一鼻子灰，不但目的达不到，而遭冷遇、受申斥也是意料之中的事。说话随便的害处是非常多的。有些奸佞小人，巧妙地利用了别人在说话时机、场合上的失误，拿来当枪使，以达到损人利己的目的。

有句老话叫作"祸从口出"，为人处世一定要把好"嘴门关"，什么话能说，什么话不能说，什么话可信，什么话不可信，都要在脑子里多绕几个弯子。害人之心不可有，防人之心不可无。一旦中了小人的圈套，为其利用，后悔就来不及了！

每个人都有自己的秘密，都有一些压在心里不愿为人知的事情。同事之间，哪怕感情不错，也不要随便把你的事情、你的秘密告诉对方。

你的秘密可能是私事，也可能与公司的事有关。如果你无意之中说给了同事，很快，这些秘密就不再是秘密了。它会成为公司上下人人皆知的故事。这样对你极为不利，至少会让同事对你产生一点"疑问"，而对你的形象也会造成伤害。

还有，一旦把你的秘密告诉一个别有用心的人，他虽然不可能在公司进行传播，但在关键时刻，他会拿出你的秘密作为武器回击你，使你在竞争中失败。这个把柄若让人抓住，你的竞争力就会大大地削弱了。

身为某公司总经理的查尔斯先生说过："之所以要讲究说话的技巧，是因为许多人常常不假思索就信口开河，因而导致种种不良的后果。"他还说："为了达到目的，说话时必须力求简单明了而且有说服力。但最重要的是该说则说，不该说则不说，不了解的事就不该说，甚至突然想起的话题也应该尽量避免向朋友提及。"

有的人口齿伶俐，在交际场上口若悬河、滔滔不绝，但是，假若口无遮拦，说错了话，说漏了嘴，也是很难补救的，所以说话应讲究忌口。否则，若因言行不慎而让别人下不了台，或把事情搞糟，是不礼貌的，也是不明智的。因此，在与人交谈时必须注意以下几点。

1. 不要探问别人的隐私

热衷于打听别人隐私的人是令人讨厌的。在西方人的应酬中，探问女士的年龄被看成最不礼貌的习惯之一，所以西方人在日常应酬中可以对女士毫无顾忌地大加赞赏，却不去过问对方的年龄。

人们似乎都有一大爱好，那就是特别注意他人的隐私，尤其是名人的隐私。在与人交往中，为了避免引起别人的不快，一定要避免探问对方的隐私。你打算向对方提出某个问题的时候，最好是先在脑中过一遍，看这个问题是否会涉及对方的个人隐私，如果涉及了，要尽可能地避免，这样对方不仅会乐于接受你，还会因你在应酬中得体的问话与轻松的交谈而对你留下良好的印象，为继续交往打下良好的基础。

具体说，在日常应酬中涉及隐私的主要有以下几个方面：

（1）女士的年龄；

（2）工作情况及经济收入；

（3）家庭内务及存款；

（4）夫妻感情；

（5）身体（疾病）情况；

（6）私生活；

（7）不愿公开的工作计划；

（8）不愿意为人所知的隐私。

2. 不能当众揭对方的隐私和错处

有人喜欢当众谈及对方的隐私、错处。心理学研究表明：谁都不愿把自己的错处或隐私在公众面前曝光，一旦被人曝光，就会感到难堪而恼怒。因此在交往中，如果不是为了某种特殊需要，一般应尽量避免接触这些敏感区，以免使对方当众出丑。必要时可采用委婉的话语暗示你已知道他的错处或隐私，让他感到有压力而不得不改正。知趣的、会权衡的人只需点到即止，一般会因顾全自己的脸面而悄悄收场。当面揭短，让对方出了丑，说不定对方会恼羞成怒，或者干脆要赖，出现很难堪的局面。

3. 不能故意渲染和张扬对方的失误

在交际场所，人们常会碰到这类情况，有人讲了一句外行话，念错了一个字，搞错了一个人的名字，被人抢白了两句等等。在这种情况下，当事人一般会十分尴尬，生怕更多的人知道。一般说来，只要这种失误无关大局，作为知情人的你就不必大加张扬，故意搞得人人皆知，更不要抱着幸灾乐祸的态度，以为"这下可抓住你的笑柄啦"，小题大做，拿人家的失误做笑料。因为这样做会伤害当事人的自尊心，你将结下怨敌。同时，也有损于你自己的社交形象，人们会认为你刻薄饶舌，会对你反感、有戒心，甚而敬而远之。所以，渲染他人的失误，实在是一件损人不利己的事。

4. 要给对方留点余地

在社交中，有时遇到一些竞争性的文体活动，比如下棋、乒乓球赛等。尽管只是一些娱乐活动，但因竞争心理作祟，人总是希望成为胜利者。一些棋迷、球迷就更是如此。有经验的社交者，在自己取胜把握比较大的情况下，往往会适当地给对方留点面子。尤其在对方是老人、长辈的情况下，你若穷追不舍，让他狼狈不堪，有时还可能引起意想不到的后果，让你无法收拾。其实，只要不是正式比赛，作为交流感情、增进友谊的文体活动，又何必酿成不愉快的局面呢？在其他的事情上也一样，集体活动中，你固然多才多艺，但也要给别人一点表现自己的机会；你即使足智多谋，也不妨再征求一下别人的意见。"一言堂""独风流"是不利于社交的。

5. 不宜交浅言深

在交往中，我们有时结识了新朋友，即使你对他有一定好感，但毕竟是初交，缺乏更深切的、本能性的了解，你不宜过早与对方讲深交、讨好的话，包括不要轻易为对方出主意，因为这很可能会导致"出力不讨好"。如果对方实行你的主意却行不通，他可能以为你在捉弄他；即使行之有效，他也不一定会感激你。除非是好友，否则不宜说深交的话。

6. 不能强人所难

有些事情，有人认为不能做，而你认为应该做；对于某事，你箭在弦上，不得不发，而有人却认为不该做或做不了。这时你不要把自己的意见强加给别人。强人所难，是不礼貌、不明智的。

7. 不能不看时机

有的人说话时旁若无人、滔滔不绝，不看别人脸色，不看时机场合，只管满足自己的表现欲，这是修养差的表现。说话应注意对方的反应，不断调整自己的情绪和讲话内容，使谈话更有意思、更为融洽。

把话说得恰到好处

交谈要恰到好处，就是说既要不卑不亢，又要热情谦虚、温文尔雅和富有幽默感，这样的谈吐才能留给别人最深刻的印象。

不亢就是谈话时不要太高傲而显得盛气凌人、自以为是。如果你是一个很有学识的人，一定不要轻视别人，而是要用心倾听别人的意见。更何况"智者千虑必有一失，愚者千虑必有一得"，别人的意见不见得全不可取，而自己的意见也不见得全都可取。如果你随时以高人一等的口吻或专家的姿态出现，好像处处要教训别人，这样只会引起别人的反感。

当然，交谈时带有自卑感也是要不得的。一个对自己失却信心的人，是难以得到别人的重视和信任的。如在谈话时，你处处都表现得畏畏缩缩，说什么都不懂，或者是"驴唇不对马嘴"，显出一副未经世面、幼稚无知的品相，这也是很糟糕的。

自卑与谦虚，两者是大有分别的。谦虚在谈话中最受人欢迎，又不失自己的身份，更不等于幼稚无知。虚怀若谷或不耻下问，就是交谈中常采取的谦虚态度。说明白一些，就是不自大自满，碰到自己在交谈中不了解的话题，不妨请对方作出简单的解释。这种做法是聪明的，因为这样既可避免误解别人的说话，又可表示向对方学习，尊重对方，这样，自然能使对方也觉得你很可爱。

交谈时态度诚恳、亲切，也是很受别人重视的。如果你碰到一个油腔滑调、说话飘浮不实的人，你一定会觉得异常不快，敬而远之，甚至会从内心上引起反感。自己的心情如此，别人的心情也是一样，因此，在社交谈话中也须特别注意。

说话不要过于热情

外国人所注重的"关心有度"中的"度"，实际上就是其个人自由。一旦当对方的关心有碍其个人自由，即被视为"过度"之举。所以，尽管服务员满腔热情地为客人提供服务，但客人不仅不领情，反而流露出厌烦或不满的情绪。

与对方不是很熟悉的话，不要表现得太过热情，太过热情了反而可能让对方觉得有点儿假。

　　初入社交圈的人常犯的一个错误就是"好事做到底"，以为自己全心全意为对方做事就会关系融洽、密切。然而，事实上并非如此，因为人不能一味地接受别人的付出，否则心理会感到不平衡。"滴水之恩，涌泉相报"，这也是为了使关系平衡的一种做法。

　　如果好事一次做尽，使人感到无法回报或没有机会回报的时候，愧疚感就会让受惠的一方选择疏远。好事不应一次做尽，这是平衡人际关系的一个重要准则。

　　如果你想帮助别人，而且想和别人维持长久的关系，那么不妨适当地给别人一个机会，让别人有所回报，这样才不致因为让对方内心的压力过大而疏远了你们的关系。

　　冬天来了，天气变得越来越冷。森林中有十几只刺猬冻得直发抖。为了取暖，它们想到了几种方法。

　　第一种方法是它们紧紧地靠在一起，但却因为忍受不了彼此的长刺，很快就各自跑开了。第二种方法是围着火堆取暖。它们点起火堆，但由于彼此离得太远，火堆很快被风吹灭了。

　　天气越来越冷了，它们又想要靠在一起取暖。然而靠在一起时的刺痛，使它们又不得不再度分开。就这样反反复复分了又聚，聚了又分，不断地在受冻与受刺的两种痛苦之间挣扎。

　　最后刺猬们终于找出了一个适中的距离，既可以相互取暖，又不致被彼此刺伤。

　　孔子一生非常注重与人的交往，也很注重交友原则。孔子认为，交友太过疏远和太过亲密都不是最佳状态，也就是所谓的过犹不及。

画家郑板桥在结交朋友方面很注重交情，同时也与朋友亲疏有度，保持恰当的距离，对朋友去留、结交和散伙都顺其自然，所以他深受文人雅士推崇。君子之交，应重在心灵的交流。朋友之间的交流应淡而不断。交往过密便有势利之嫌，而断了交往，时间便会无情地冲淡友情。

中国有句老话："君子之交淡如水。"结朋交友，亲疏有度，是一种健康有益的交友态度。太亲近了，会使人觉得为友所累，让朋友觉得自己是个负担；而太疏远了，又会使朋友感到形同陌路，失去了作为朋友的本来意义。

交友的最佳状态就是掌握亲疏的尺度，在若有若无间体会交友的乐趣，领悟甘苦参半的人生真谛。

凡是与人做过交易的人都知道，无论是一宗大买卖还是一件小交易，如果买卖双方不是你情我愿、相对公平，则买卖是很难成交的。特别是作为销售方，在买方快要跟你达成购买协议的那一刻，你一定要沉住气，最好装得不太在意这桩买卖。你越是平静，越是能顺利地完成交易，越是能促成买方的购买行动。

假如销售方在此环节表现得眉飞色舞或者很急迫，特别是对买方异常地热情的话，往往会弄巧成拙，让买方心里不舒服。

这买卖之间就是个斗智斗勇的博弈，所以，无数销售谈单技巧和实践经验告诉我们一个亘古不变的真理：促成环节切忌画蛇添足。

此时此刻，业务员就是要不该说的不说，不该问的不问，不该谈的不谈，不该做的不做。就是价格谈成了，也要小声地说出来，免得刺激卖家的心痛感而跑单。

给逆耳忠言包层"糖衣"

有时候，你对家人、对朋友觉得有许多话不得不说；可要是说了，反而担心伤感情、把事情弄糟了。于是你就引用前面提过的中国古谚，替自己解释，说什么"良药苦口，忠言逆耳。"

1. 忠言未必逆耳

其实，有时候良药未必苦口，忠言也未必逆耳，把良药弄成苦口，以致病人怕吃，是医学不发达的现象；把忠言弄成逆耳，以致犯错的人不能接受，是说话的人之过。

我们都有这种经历，我们并不是不愿意听别人批评，也不是不能接受批评。有时，我们还真希望有人来指点指点，我们看书请教别人，我们做了事情、说了活、写了文章、自己不会或不敢下判断，这时候我们何尝不希望有人能出来告诉我们哪点好，哪点坏。有的时候，我们因为别人能够忠实地、大胆地指出我们许多错误，而对他感激涕零，永世不忘。

可是，有些批评，我们听了却觉得难受、委屈和气愤，感到自尊心、自信心都大受打击。

同样是批评，为什么会产生两种效果呢？究其原因，关键是别人对我们的同情与了解的程度深刻与否。我们始终欢迎的是那些了解和非常同情我们的人，对我们进行坦诚而又充满热忱的批评。

2. 同情与了解是忠言的核心

苦口的良药和不苦口的良药放在一起，每个人都会选择不苦口的良药。

逆耳的忠言和悦耳的忠言比较起来，悦耳的忠言也许永远占上风。

近来医学发达，大概苦口的良药渐渐被淘汰了。有些仍然是苦口的，但在苦口的良药外面，大多也有一层"糖衣"。

而我们的逆耳忠言外面，一样地需要加一层"糖衣"。这就是同情和了解、坦诚和热忱。

其实，用"糖衣"来比喻同情和了解不太恰当。"糖衣"虽然是甜的，但"糖衣"底下仍然是苦的，把苦药放在口里多嚼一会儿，"糖衣"被口水溶化了，下面仍然是苦得使你要把它吐出来的良药。

而对人的同情与了解，和我们的忠言的关系，绝不同于糖衣和苦药的关系。糖衣与苦药是一种表里的关系，而同情与了解，和我们的忠言却是交融在一起的。同情与了解是我们忠言的核心。

忠言，是建立在对人的同情与了解的基础上，你的忠言，被人听进耳，记人心，咀嚼得越透，领会得越深，别人就觉得你对他的了解越透彻，觉得你对他的同情越深厚。

可以这么概括地说：对别人的忠言，我们不必计较它苦不苦，逆耳不逆耳，只要它的确是忠言。对我们自己讲给别人的忠言，还是尽可能包上"糖衣"。因为在沟通中，也很需要严于律己，宽以待人。

说话时要关注对方的感受

每个人都有被尊重和被认同的需求。人们是否感受到自己被尊重、被认同，在很大程度上取决于自身的感受有没有被人关注。

如果你爱上一个人，你就会对她的感受和情绪非常敏感，想尽办法让她时时刻刻都感觉到你很关心她、在乎她。如果你对着一个陌生人，根本就不会注意他，也就不会关注他的感受。

关注对方的感受，才是真正地尊重对方、重视对方。只有关注对方的感受，才能让对方从心里接受你、信任你，愿意听取你的意见和建议。关注对方的感受是一把钥匙，能够打开与人交往的大门。

如果我们不去理会他人的感受，也不理解他人的想法，就容易让对方感觉不舒服。即使是自己认为快乐、幸福的东西，如果不考虑对方是不是喜欢，愿不愿意接受，就强加于人，对方往往是不会领情的。

在现实生活中，人们的感受常常不容易被发现。有时，人们还会把自己的感受刻意隐藏起来。这是人们保护自己的习惯，也成为交往的阻碍。我们也只有靠关注对方的感受，才能打开对方的心门。

被尊重的需求就像空气和水一样时刻被需要，无论谁都如此。这种需求并不会因为年龄增长、感情加深、关系密切而减少；相反，这种需求会更强烈。时刻关注人们对尊重、认可、重视的渴望，充分满足人性的需求，千万不可掉以轻心。

当你和很熟悉的人相处，开始觉得无所谓时，你要有一种紧张感：提醒自己时刻关注他的感受，千万不要口无遮拦，语出伤人。

当你尊重和认可了他人，你会收获很多。比如，事情进展得更顺利，节省更多的时间，减轻更多的压力。同时，你会乐于聆听别人的意见，获得更多启发或方法，增加更多成功的可能性，也会为你赢得他人更多的尊重与认可。

每个人的一生都会面对许许多多的陌生人。对于我们的亲人、朋友付出关心并不难，然而，要对陌生人付出关心，就不是一件简单的事情了。但是，关心对方才能赢得对方，才能打破说话的障碍。

"魔术之王"塞斯顿，前后周游世界数十年，一再创造出各种幻象，令观众如痴如醉、惊奇不已，受到数千万人的欢迎，获得了巨大的成功。

塞斯顿说，不是他的魔术知识高人一等。他认为关于魔术的书已经有几百种，而且有相当多的人知道的魔术同他一样多，但他却有其他人所没有的独到的优点：他在舞台上能够展现自己的个性，有打动观众的独特风格。

塞斯顿是一位表演天才，了解人类的天性。他的每个手势、每种声调、每一次提起眼眉，都是提前演习好了的，因而他的每一个动作也都配合得天衣无缝。更为重要的是，塞斯顿真心关心观众的感受，能够为观众付出所有的热情。

有些技艺高超的魔术师认为观众是一群笨蛋，能够被自己骗得团团转。但是，塞斯顿却完全不那样认为。他每次上台时，都会对自己说："感谢这些人看我的表演，是他们使我过了舒适的生活。我一定要尽力为他们演出最好的节目。"塞斯顿就是这样一位用关心赢得观众喜爱的艺术家。

实际上，如果你能够真心实意地关心别人，那么你的生活将顺利很多，别人对你的帮助必将使你大受裨益。

在生活中，大多数人往往苦叹不知如何与陌生人消除彼此的隔阂，进而使双方熟悉，开始交往。每个人都想博得他人的关心与认可，但却忽略了对别人的关心与认可，结果也没人关心自己。人与人之间的关系是相互的。你敬我一尺，我就敬你一丈。你不关心别人，别人也不会关心你。

假如你有只想让别人注意自己，让别人对你感兴趣的想法，你就永远也不会有许多真挚而诚恳的朋友。如果你试着用心去关心别人，那么即便是陌生人也会成为你的朋友。要使别人喜欢你或者培养真正的友情，得到别人的帮助，生活得更加愉快，那么就请从改变自身开始：真诚地关心别人，爱护别人。

玩笑不能过火，要适可而止

相熟的朋友聚在一起时，大家不免开开玩笑，互相取乐。说话不受拘束，原是人生一快事，不过凡事有利也有弊，乐极更易生悲，因开玩笑而使大家不欢而散的事情也常会发生。

1. 开玩笑要看对象

开玩笑之前，先要注意你所选择的对象是否能受得起你的玩笑，一般人可分为三类：第一种，狡黠聪明；第二种，敦厚诚实；第三种，则介乎上面两者之间。对第一种人开玩笑，他不会使你占便宜的，结果是旗鼓相当，不分高下。第二种敦厚诚实者，喜欢和大家一起笑，任你如何取笑他，他脾气绝好，不致动怒。对这两种人，你可以先看看对方当时的情形，能否可以开玩笑。只有第三种人，你要小心。这种人一般也爱和别人笑在一起，但一经别人取笑时，既无立刻还击的聪明机智，又无接纳别人玩笑的度量，如果是男的则变成恼羞成怒，反目不悦；如果是女的就独自痛哭一顿，说是受人欺侮。所以开玩笑之前，要先认识对方，最为妥当。

2. 玩笑要适可而止

开玩笑，要适可而止。一般开玩笑，说过一两句就算了，不要老是专门戏弄一个人，也不要连续取笑下去，那么一般人十之八九都可以忍受。如果专对一人不停地攻击，那么一般人都不能忍受。

开玩笑本来无所谓顾虑到对方的尊严，但使对方难过和伤心，这并非开玩笑之道。你笑你的同学考试不及格，你笑你的朋友怕老婆，你笑你的亲戚做生意上当吃亏，你笑你的同伴在走路时跌了跤……这些都是需要同情的事，你却拿来取笑，不仅会使对方难以下台，而且也表现出了你的冷酷。同样，绝对不可拿别人生理上的缺陷来做你的笑料，如斜眼、麻面、跛足、驼背等等，别人的不幸，你应该给予同情才是。如果在交谈中的人，有一位生理上有缺陷，那么，最好要避免易使人联想到缺陷方面的玩笑。现举一个例子：

有一天，三四个同事在办公室聊天，其中有一位王小姐提起她昨天配了一副眼镜，于是拿出来戴上，请大家评一评她戴眼镜好看不好看。大家不愿扫她的兴都说很不错。这件事使老胡想起一个笑话，他就随即说出来："有一个老小姐走进皮鞋店，试穿了好几只鞋子，当鞋店老板蹲下来替她量脚的尺寸时，这位老小姐——我们要知道她是近视眼——看到店老板光秃的头，以为是她自己的膝盖露出来，连忙用裙子将它盖住。立刻，她听到一声闷叫声："讨厌！"店老板叫道，"保险丝又断了！"接着是一片笑声，熟料事后竟未见到王小姐戴过眼镜，而且碰到老胡也不和他打一声招呼。

其中的原因你不难明白。说者无心，听者有意，对于老胡，他只是联想起一则近视眼的笑话。然而，王小姐则可能这样想："你取笑我戴眼镜不打紧，还影射我是个老小姐。我老吗？上个月我才26岁！"

所以，说笑话要先看看对哪些人说，先想想会不会引起别人的误会。像上例老胡严重地伤了王小姐的自尊，却是始料不及的。

第九章
能问善答，聊天犹如跳交谊舞

两个人的聊天，犹如跳一支交谊舞，问的人主导着节奏，答的人则配合着对方的舞步，联袂呈上一场演出。

如何通过问话来带领对方？如何通过回答来配合？

问题怎么问，结果大不同

问题能够引导一个人的思想。如果你想改变别人的观点，或是说服对方，最好的方式就是通过问题引导，让他自己在不知不觉中说服自己。可以说，你问什么样的问题，就会得到什么样的结果：想让别人反对你，一个坏问题足矣；想让别人赞同你，一个好问题就够了。

许多人都遇到过被推销某种产品的经历，低情商的推销员一上来就讲个不停，丝毫不给你说话的机会，恨不得一口气把你说服了。高情商的推销员则是连说带问，循序渐进地引导你。像下面的场景大家都很熟悉：

"李先生，请问一生当中对你来说最重要的是什么？"

"当然是家庭。"

"家庭是不是对你很重要？"

"这还用说。"

"那今天你认为你有没有责任去让你的家庭过得更幸福更快乐？"

"必需的。"

"既然如此，那你是不是认为，应该做一点对家庭、对小孩更有意义的事情呢？"

"当然了。"

"那假设我有方法能够让你很好地、更长远地为你的家庭做一些考虑，你有没有兴趣了解一下？"

……

通过一连串问题的引导，顾客被逐渐带入了正题。如果一上来就向其推销产品或是保险，很可能会被一口拒绝。有了前提的铺垫，一般，顾客即使不想买，也不会生硬地拒绝。

其实，只要细心观察你会发现，高情商的人，往往都是说的少，问的多。如果一个人只是讲，很少提问，那他的情商也不会太高。比如，好多人都有这样的感觉：在某种场合遇到一个人，此人能说会道，但说出的话却遭人反感。

为什么会这样？

就是因为只说不问，不懂得用问题去引导别人，所以，别人不怎么认可他的口才。对高情商的人来说，他们改变别人观点的逻辑是：通过问题引导，而不是正面去杠。

如果别人不答应你一个小小的要求，或是拒绝你的某些合理的建议时，聪明的做法是：不要强势去要求，而要通过提问进行隐性说服。因为好的"问题"隐含了"说服"的成分，只要再应用那么一点点心理学，就可以通过有技巧的提问，让对方做出某种程度的改变。

可以说，好的问题比命令更为有效，只要善用问问题的技巧，就可以让说服变得得心应手。

通过问题来引导对方的思维，应该注意以下几点。

1. 尽可能把答案藏在问题里

平时，对于大多数事物我们都不持有立场，只是在被问到某问题时，才开始真正思考。所以，这其中存在很大的空间让提问者发挥，他们可以运用诱导或暗示的方法引导对方说出自己预设的答案。

比如，你想要让客户亲口称赞公司的商品，你问客户："您觉得这个产品如何呢？合您的意吗？"这时，客户很可能会说："这个嘛，好像也还好，怎么说呢？"但如果换一种问法，说："您觉得这个产品如何呢？设计师的设计简洁又环保，价格也实惠，是吧？"大多数人都会顺着你的话说："是啊，真的很不错。"

生活中，每个人都特别在意别人对自己的看法，所以在回答一个自己也还不太确定的问题时，我们习惯这样思考："我这样回答对方会怎么想呢？"正是出于这样的心理，高情商的提问者会在问题中预设我们可能会选择的答案。

2. 麻烦别人，先要称赞对方

你有没有过想要麻烦别人，却常常被婉拒的经历呢？下次要提出要求时，不妨先提高对方的自尊心，人在被抬高身价的时候，通常都会很乐意听你的要求。所以你可以在提出要求之前先称赞对方，接下来在请求帮忙的时候，成功率就会大增啦！

"你的PPT做得太棒啦，哪像我那么笨都不会用，可以请你来帮我看一下这个部分要怎么设计会比较好吗？"

"你的经验比我丰富，可以帮我一些忙吗？"

像这样的问法，大多数人都会不好意思拒绝，因为要是拒绝的话，好像上面那句称赞自己的话就打了折扣。

3. 善用投影法与"两段式"提问

大多数人都遇过这种情况，有时候征求对方的意见或态度，因为有所顾忌，对方不想说真话，给出的答案模棱两可。或是未经思考，直接给出一个太过乐观或悲观的答案，显得不切实际。遇到这样的情况，可以考虑使用"投影法"和"两段式提问"。

投影法：当人在被问问题时，会在意"如果我说实话，是不是会让别人有不好的印象？"所以可以利用投影法，把事情当成别人的事来问，虽然看起来像是谈论别人，却会反映出自己的意见。如果你想问的是："你是诚实的人吗？"可以试着把问题引申："你觉得大部分的人都是诚实的人吗？"

两段式提问：有时为了让对方的答案不致太离谱，先问对方"理想状况"，再问对方"实际情况"，这样的问法会让对方在回答第二个问题时，一定会给一个比"理想状况"更糟糕的回答，同时也更接近实际上的状况。

"你希望这个案子在多少预算以内解决呢？"

"20 万元。"

"那实际上你觉得会花到多少钱？"

"如果可以不要超过 40 万元就谢天谢地了。"

而事实上，他在这个案子花上 60 万元都有可能。

提问的奥妙在于，不是强行灌输观点，而是委婉地把自己的想法植入对方心中。巧妙地提问，能够让对方主动地去思考"我如何更好地回答他"，从而给出一个他认为最理想的答案。所以，问题怎么问，不但会影响说话的效果，也会影响沟通的结果。

问话，设法开启对方的话匣

问话，是打开对方话匣的最好方法。

比如说，对方是医生，而你对于医学完全是门外汉，你就可以用"问"的方法来打开局面。

"近来脑炎好像又开始流行，你们大概又忙于替人打预防针了吧？"一句和时令或新闻有关的问题，同时又切近对方的工作，是最得体的问题，这样一来，对方的口便开了。你可顺序谈下去，从脑炎谈到环境卫生，谈到 DDT，谈到免疫，谈到成药……只要他不厌烦，你可以一直引他谈下去。

碰到房地产经纪人，你可以问他近来地价的起落；碰到电器业的人；则可以请教他国产电器和日本电器的比较；碰到教师则问他学校的情形；等等。总之，问话是一个打开对方话匣的最好方法。

1. 问话要注意什么

问话须注意的是：首先，问对方所知道的，问对方最内行的。如果你不确知对方能否回答，那么还是以不问为好。例如，问一个医生"去年本省患甲肝的病人有多少？"这是不容易回答的。要是对方的答语是"不大清楚"，不仅使答者有伤体面，而且双方都感到没趣，这并非说话艺术。

其次，对宗教及政治的观点，除非你的对手是一个专家或权威人物，因为普通人对宗教与政治的看法，各有各的立场和见解，他也不知道你有什么用意，也不知道你有无成见，聪明的人大抵不会开诚布公地答复这种问题，所以不问为好。

有些问题，你得不到圆满的答复时，是可以再继续问下去的；但有些问题问过以后就不宜再问。比方说，你问对方住在哪里。如果他说"在朝阳区"或者说"在海淀区"，那么你就不宜再问在某街某号。如果他高兴让你知道的，他一定会主动详细说出，而且最后还会补上请你光临的客气话。举一反三，其他诸如此类的问题也是一样，适可而止，以免误事。

此外，在日常交际中还要注意：不可问别人东西的价钱，不可问报纸刊物的销售量（除非知道他的刊物是第一流、第二流的，使对方说出而无愧的），不可问女士的年龄（除非她是60岁左右的时候），不可问别人的收入多少，不可详问别人的家庭情况，不可问别人用钱的方法，不可问别人工作上的秘密如化学用品的制造方法等。

凡对方不知道或不愿让别人知道的事情都应避免发问。问话的目的是引起双方的兴趣，不是使任何一方没趣。要是能使答者起劲，同时也能增加你的见识，那便是问话的最高境界。

有一位西方学者说："倘若我们不能在任何一个见面的人那里学到一点东西，那就是我们沟通的失败。"这话可发人深省，因为虚怀若谷的人，往往是受人欢迎的。记着，问话不仅打开了谈话局面，而且可以从对方的话里学会许多你不知道的知识。

2. 发问的技巧

下面来谈谈发问的技巧。

问话是表示虚心，表示谦逊，同时也是表示尊重对方的意思。

"帮我把信寄了"就远不如说"能不能帮忙寄信？"使人听了觉得舒服些。

同样，对某件事情不明白，就不妨请教别人，自作聪明是最吃亏的。一个坦白的求教于人的问话，最能博取别人的欢心。

可是怎样问呢？这问题也值得研究。问话的方法有很多种，收效各有高低。高明的问法使人心中喜悦，而愚蠢的问话则会引起对方失笑甚至反感。

问一名女子："你喜欢男人吗？"这真是一个蠢到无以复加的问题。

"这蛋糕新鲜吗？"你是不是也曾经向食品店的店员问过这样的话，而且也问过很多次。其实，这也是最蠢的问话之一，等于问你的爱人"你没有欺骗我吗"一样可笑。这种问话，不但得不到真实的回答，还会使对方心里觉得好笑。

你跑到海鲜酒楼里，点菜时问服务员："今天的龙虾好不好？"这等于白说，因为他一定会说好，除非你是一个熟客。倘若你另用一种方法："今天有什么好的海鲜？"那么效果就会完全不同，你就可以吃到真正好吃的海鲜了。

为什么说话的效果会不同呢？我们试作心理上的分析，以此做其他问话的参考。"今天的龙虾好不好"和"今天有什么好的海鲜"两种问法，引起心理上的反应是完全不同的。前者你所问的不过是一种东西，只有好或不好的两个答案。为顾全饭店招牌，他不能说"不好"，而且一样东西好不好的标准是很难说的。标准既不易定，则他觉得说了个"好"字并不能说是欺骗你，即使今天的龙虾并不很好。其次，你问的只是龙虾，似乎心中除了龙虾别的不爱吃，那么为了讨好你的缘故，更觉得对你说"好"是他的责任。这情形发生的结果，吃亏的只有你，他不过说说，吃下去真的好不好，他并无多大的责任，如上面所说，好坏没一定标准。

至于第二种问题便不同了。第一，你开始便问"今天有什么好吃的海鲜？"表示胸无成见，不管什么海鲜，只要好便行。第二，这表示你自己谦虚且不自作聪明而请教于他。第三，这问话的定义很广泛，不是"今天的海鲜好不好"，却是"今天有什么好的海鲜"。答者甚至可以说："今天没有什么好的海鲜，但今天的红烧鸡又肥又嫩，值得一试。"所以他回答的范围是可以很广的。

说到那被问者呢？第一，他见你首先请教于他，他的自尊心得到满足，心中非常愉悦。第二，"海鲜"的范围很广，他只要把各种海鲜比较起来，把当天最好的介绍给你便行，这个问题较容易回答。第三，你既然全部请教他，他不敢不负责，自然会把最好的介绍给你。

由此看来，问话的小事是值得研究的。美国有些冰果店因为一些客人喜欢在喝可可时放个鸡蛋，所以服务员在客人要可可时必问一句："要不要鸡蛋？"某心理学家应邀到一家冰果店里去研究如何发展营业时，关于问鸡蛋一事，他就说不应问"要不要加鸡蛋？"而是"要一个还是两个鸡蛋？"这样问法，多做一个鸡蛋的生意是绝对有把握的。

一般在沟通中运用的问话，最重要的是语气要温和，态度要谦恭。有些问话不可自己先存有成见，与其问"你很讨厌他吗？"或"你很喜欢他吗？"不如问"你对他的印象怎样？"但有些却不妨先装成有成见。比如对一个 40 岁左右的女人问："你今年有 30 岁了吧？"比问"你今年芳龄几许？"要好得多。

问话的奥妙千变万化。这里我们只略举几个例子，其余还有待你自己去揣摩，因人、因地、因事而灵活运用。

多问对方擅长的话题

提问最能反映一个人的表达能力与素养。有些人提问题，是哪壶不开提哪壶，或许是无意，但很容易被理解为恶意。这就会让人联想到人品问题。事实上，一个人品不怎么样的人，也提不出像样的问题，他的问题中往往潜藏着讽刺、贬损、嫉妒等不良情感。这样的事我们司空见惯。

比如，一个愤世嫉俗的人，他见不得朋友比自己过得更好，当朋友做出一些成绩时，他不会从心底里送上诚挚的祝愿，而是会说诸如"真奇怪，你是怎么抓住这个机会的？""你说老板提拔你，是不是想把你当枪使啊？"

善于表达的人，会站在对方的角度考虑问题，提出问题。首先，这要基于他对别人的了解，如果是陌生人，他起初的提问不会太深刻，会在对方了解、感兴趣的方面提问，方便对方作答，然后根据交流的情况，再逐渐深入，但始终会坚持一个原则，那就是尽可能站在对方的角度去提问。如果是同事、朋友，他提问时一定会考虑对方的处境、资历、兴趣、性格等因素，而不会由着自己的性子来，以免给别人造成不必要的难堪。

杨林，一家跨国公司的部门经理。部门业绩很突出，因而杨林打算举办一次庆功会。在庆功会上，杨林充分发挥了自己的口才，让员工笑声连连。用餐结束后，杨林让刘敏上台。杨林问："我们都知道刘敏是公司的能人，下面由我来提几个问题，好吗?"员工们大声喊"好"，杨林问："你知道，公司的×系列产品有哪些不足吗?"刘敏很是尴尬，因为她刚被调到杨林的部门，还没来得及熟悉产品。杨林又问："你知道咱们部门的口号吗?"刘敏默不作声，很是拘束。庆功会结束后，刘敏很是内疚。

杨林的妻子告诉杨林说："你这样提问是不对的，你怎么能让刘敏下不了台呢?"杨林问："我哪儿做得不对呢?"妻子说："你提问总是想到什么就问什么，而不是从对方的角度出发，挑选对方擅长的问题。杨林，你给刘敏带来了压力。"

第二天，刘敏打电话请假，她跟以前的部门同事说是因为回答不了问题而内疚不已。杨林很是不解："我不明白，我以为我喊她回答问题她会很感激，毕竟这也是一种表现的机会。"

事实上，像杨林那样困惑的人不在少数：

"我只不过提了个常识问题，他竟然没回答上来。"

"我不知道该怎么提出问题，能让员工意识到当前事情的严重性。"

"我怎么知道他对这方面知识一点不了解呢? 我以为他了解的。"

……

由此可见，提问时如果挑选的话题不合适，那么就容易让对方局促无言，让氛围变得尴尬、难堪，这是每个提问者都不愿意看到的。相反，如果提问的话题合适，就能打开对方的话匣子，让对方言无不尽、知无不言。有些人对提问存在误解，认为提一些能够显得深奥、有学识的问题才能赢得对方的尊重，而事实上，人们最关心的往往是自己能够参与并且擅长的话题。

挑选对方擅长的话题，如果提问双方彼此都很熟悉，那么做到这一点并不难，然而在现实中，提问者和被问者属于初次见面的情况比较多，那么，这时该如何寻找对方擅长的话题呢？

首先，要想知道对方擅长的话题，必须先熟悉对方。

如果是陌生人，在刚见面时，提问者就要学会仔细观察，如被问者的发型、年龄、服饰、箱包、开的车、戴的眼镜、穿的鞋子等等，从这些细节中可以发现被问者的一些信息，提问可以从这些方面开始。

小董是一家公司的客户代表。一次，有一位客户到公司拜访，他发现对方闲下来时，会打开计算机中的炒股票软件，时不时瞄上一眼。直觉告诉小董，对方是一个股民。所以，小董走了过去，问："您也喜欢炒股？"

客户说："是的。我买了不少股票呢。"

小董说："我也偶尔炒股。入市已有 5 年了。"

客户说："我炒股已有十多年了。"

……

一来二去，两人谈论起了中国股市。

其实，小董性格比较内向，不善于和人聊天，尤其与一些高冷的客户交谈时，经常会出现冷场，气氛搞得很尴尬。这次，却因为一个提问，开启了与客户的"海聊"模式。之后，他还经常通过微信与客户交流炒股经验。对客户来说，小董就是一个"知己"。由此可以看出挑选对方擅长话题是何等的重要。

每个人的时间和精力都是有限的，也就是说不可能对任何事情都精通，也不可能对任何话题都了解、都擅长，所以提问时要挑选对方擅长的话题，见什么人问什么问题，因人而异，才能达到"同声相应，同气相求"的提问效果。

其次，通过提问来得知对方擅长的话题。

这种提问最好采用抽象性的，而不是具象的。具象问题是指："你喜欢足球吗？"把这个问题抽象化就是"你喜欢什么运动呢？"抽象性的问题，范围比较广，然后逐渐缩小范围，最终找出对方擅长的话题，就像是捕鱼时，广撒网，那么一定可以捕到不少鱼。

下面列几个抽象和具象的问题，可以对比一下，然后找出特点，下次提问时就会知道该如何提出抽象性问题。

具象："你到欧洲旅游过吗？"抽象："你喜欢旅游吗？"

具象："你喜欢看世界杯吗？"抽象："你喜欢看哪些节目？"

具象："你喜欢吃牛排吗？"抽象："你喜欢的美食是什么？"

最后，营造良好的沟通氛围。

要想有一个良好的提问氛围，除了需要一个好的环境外，最重要的就是要让对方谈得投机，谈得其乐融融，这是非常考验提问者的情商的，因为要做到其乐融融，首先就要找到对方擅长的话题，这样才能聊得深入、愉快。

提问者要善于察言观色和运用抽象性问题去找到对方擅长的话题，这或许会成为提问者提问能否成功的一个决定性因素。在提问中，要时刻记住一个原则：一个人最愿意、最关心的话题，莫过于与他本人息息相关的话题。

好的问题可以用来制造话题

在与别人的交流过程中，高情商者不但会进行理性的思考，还善于通过问题来控制话题，进而掌控场面。他们对谈话进程会有一个总体的认识和把控，并且知道目前进行到哪个阶段，这个阶段主要讨论什么议题，该说哪些话。他们不经意抛出一个问题，看似孤立的，实则会涉及其他问题。

当由一个问题不停地扯到第二个、第三个、第四个……第 n 个问题时，作为一个提问高手，一定会进行总体把控，一段时间内把议题控制在一个或两个，不能被别人牵着鼻子走，使议题扩大。议题太宽范必然导致讨论不能深入进行。

谁控制了话题，谁就有主动权。职场中这种例子很多。设想一下，某一个清晨，一个同事来到你的办公室，说："我们一起聊一下这个项目的操作细节吧？"于是你把手头的计划推开，然后进入他的话题，不知不觉一上午过去了，结果你发现，明明半个小时可以聊完的话题，却用了一个上午。

为什么？因为你没有控制好话题，进入了对方的节奏。

在实际沟通中，高情商者是如何通过提问来控制话题，进而掌控整个谈话进程的呢？关键有三点。

1. 适当地进行封闭性式提问

先看一个例子。

两个人在列车上初次见面。

A："老家是河北的?"

B："是。"

A："是本科毕业吧?"

B："是。"

A："你在北京上班吗"

B："是。"

类似的场景很多人都经历过。看似很平常，实则反映了一些话术技巧。当 B 连续回答了三个"是"的时候，在情感上就默认自己已经和对方有所共鸣了，基于这样的认识，B 在回答 A 的第四个问题的时候，他的大脑基本上就不会做太多的思考了，而会习惯性地说"是"。

问封闭性的问题是相对于开放式问题而言的，封闭式问题有点像对错判断或多项选择题，回答只需要一两个词。封闭式问题的常用词汇有：能不能、对吗、是不是、会不会、可不可以、多久、多少等。

当然，不宜过多使用封闭式问题，否则，谈话会变得枯燥，或是让人觉得是在受审。

2. 要多讲请求，少讲要求

同样是提问，向别人提要求，与提出请求，给人的印象是截然不同的。如，你想让别人帮个忙，可能会使用以下两种表达方式。

第一种是："帮我带份饭回来?!"对方可能会想：你自己有胳膊有腿，还让别人帮忙，而且说话这么不客气，我为什么要听你的?

第二种是："亲，我现在很忙，脱不开身。你出去的时候，可不可以帮我捎个盒饭回来?谢谢你。"

当然，第二种问话更容易被人接受。为什么?第一种更像是要求，而第二种是一种请求。大凡向别人提出要求的问题，很少会得到积极的、正面的回应。比如，一些高情商的领导在向下属布置任务时，通常会以一种温和的语气说："下个月公司订单增加不少，人手一时短缺，恳请大家辛苦一点，到时能加班的尽量加个班，大家是什么意见?"众人也许说："没问题。"心里会想:加班还能多挣钱，没什么不妥。如果是一个低情商领导，很可能会一本正经地说："最近订单比较多，从下个月开始，每人都必须加班，听见没有?"大家即使不当众表态，心里也会想:为什么要加，我才不稀罕挣加班费呢。

所以，请求与要求会让人产生不同的心理，一种是认可，一种是抗拒，显然，高情商地提问应该趋向前者。

3. 多谈"我觉得"，少说"你怎么"

"你怎么"这种句式带有一定的指责，指正、批评别人的意味很浓。所以，情商高手基本不会采用这类说辞。例如，别人对你说："这个问题好简单，你怎么就不会呀?"你是不是有种想怼回去的冲动:我就是笨，怎么啦，关你屁事啊?的确，这样的问话会激起对方的对抗情绪。如果换一种说话，比如，"我觉得你应该做得更好，你认为呢?"这句话中包含了对对方的肯定与期望，对方不会产生疑义，一定会欣然接受。所以，话怎么说，不只是要传达一种信息、观点，更重要的是传递了一种情感。如果这种情感是消极的，让人反感的，自然，双方的沟通也不会朝着你期望的方向发展。

应答就是谈话的调味料

应答好比是烹调时所加的调味料，具有画龙点睛之效。比如"为什么""真的""是吗"或"可是"等应答，都可用作加深谈话内容。

但如果应答太频繁，就会像加了过多胡椒粉的汤。相反地，30分钟的谈话，仅仅回答一句"是这样的吗"就变成平淡无味。为使谈话愉快，需如精致可口的粤菜加适量的调味料一样。

1. 应答宜配合谈话进展作变化

话虽如此，并非人人都是烹调高手，一定能做出美味的佳肴。

只有应答仍嫌不足，还需配合谈话内容。否则任意使用"您说得对"或"原来如此"，恐怕对方会误以为遭人轻视。

因此，应答宜配合谈话进展作变化。当对方说到伤心处，你也如是表现；当对方谈得眉飞色舞时，你则须表示快乐。如这般随机应变的应答，可鼓励对方继续表达意见。换句话说，应注意对方谈话，视情形插嘴，提出问题或加以诱导，如此才能增进谈话愉快感。

2. 应避免说长议短的应答

三五好友聚在一起闲谈，难免会谈到别人。人的心理很奇怪，明知不是事实也会听得津津有味。

　　这对遭受批评的人来说，不论别人所言是对是错，同样都会感到困扰。因为这种批评往往是越描越黑，使不存在的事成为真实，如此不仅会引起当事人伤心，甚至名誉也破坏了。所以，应尽量避免说别人的坏话。

　　虽然如此，但由于这种情形已经形成风气，很难不产生瓜葛。这种谈话也能形成与人沟通的目的，要是一律不理会，反要遭人非议，视你为说长议短的箭靶。

　　另一方面，这种谈话也会具有社交功能。只要能保持立场，作适当的反应，亦有助于增进人际关系。

　　关于这点，可从一位食品厂推销员的经验窥出一斑。某天，他到一家超级市场推广新产品，双方谈成生意后，商场负责人答应扩大专柜以增加他的产品销售量。正要离开时，这个负责人突然提到另一家食品厂商的事。

　　"A公司投入的设备资金庞大，收益却不高。而且听说老板正患心脏病。对于这类摇摇欲坠的公司，我想列入拒绝往来客户，或许下次你来时，他们的产品已不在这货架上了。比较起来，还是贵公司的经营稳当。"

　　说完，这老板还不断强调他只是听说的。照老板所说，对那位推销员的公司似乎有利，所以很想发表意见，但随即改变主意，随口说："是啊，那就糟了。"然后以有事推辞，迅速离开超级市场。

　　如此看来，那位推销员的确高人一等。假如他身为家庭主妇，与其他人闲聊，随便搭腔也不致发生问题。然而他有责任在身，对方若是顾客，则实在很难应付。如果说"我从不听闲话"，好比在责备对方。回答"你是从什么地方听来的"也会出差错。要是突然改变话题，又会使气氛变得尴尬。

那么，最妥善的方法就像他一样，轻轻松松听完后快溜。如果担心得罪对方而应答，很可能会背负造谣生非的罪名。

何况，有人常以这种方式评价听者，因此碰到这种情形须特别谨慎。

巧妙地应答会让谈话更加流畅

巧妙地应答会使谈话更流畅。或许你会发现，唱歌时有音乐伴奏似乎比清唱好听。至于谈话方面，如果说者是歌者，而听者是伴奏，那么伴奏的人可适当帮腔，使得说者能开怀献艺。

再看竞选各种领导，虽然助选的人不得在候选人发表演讲时发言，但在其他竞选活动时，却能宣传候选人的优点，如此对候选人的帮助颇大。

众所周知，说话是为正确传达本人意思给对方的手段。然而并非人人都能言善道，甚至有人说话结结巴巴的，别人根本听不清楚。这时，听者需加以帮助，使他能表达一切，这也属于应答的一种。交谈是双向沟通，并不只是说者的问题，如何引导说者表达清楚，是听者责无旁贷的事情。

话虽如此，却不容易做到。某位十分走红的某电视台主持人，主持节目的手法与众不同，接受访问者开怀大笑时，他一定看着对方的眼睛点头，然后自然地问："接下去呢？"由于他擅长把握时间，受访者自能畅谈一切。不可否认，有人如此喜欢他，是因为喜欢他的个性，不过这与他的应答也很有关系。

说者不见听者有所反应，谈话情绪会逐渐不安。没有帮腔的谈话，似乎对无生命的墙壁或柔顺的猫讲话，令人感到没意思。电话答录机便是最好的例子。

的确，这种机器虽然为我们带来了许多方便，却也带来了许多抱怨，抱怨好比面对机器说话一般。交谈当然是双方都表达意见，但只有单方面反应，必然使得另一方感到忐忑不安。

所谓沟通，是说者与听者相互传达意思才能成立，只有说者说得口沫横飞，而听者则默默无言，便不能称为沟通。在交谈时，必须营造气氛，让说者能安心地畅谈，这当然要借助应答的作用了。

拒绝机械式地回答，适当夸张一点

真正成功的主持人，不仅要擅长说话，知识丰富，而且要扮演听众的角色，让在场的人都能在轻松愉快中说出心里的话，而应答是达到这个目标的有效方法。

1. 夸张的应答

比方说，访问明星时，不妨报以较夸张的应答："哦，原来你的星路历程如此坎坷。"激发对方的表达意愿。此外，也可以独特的笑声和语调，或作各种手势，引导对方进入状态。

如此配合对方的喜怒哀乐作适当反应，即使应答比较夸张，也无伤大雅。

不仅是主持人，我们平时与人交谈时，也需具备这种态度。当你得意地谈到自己过去很有趣味或很自豪的事情时，要是对方比自己更高兴，或许你会觉得对方做作，但仍会雀跃不已，而想继续说下去。

听人说话的人表现出十分专注，从表情或动作中传达关注说者谈话的意思，说者必然是欣喜万分，对听者更加信任。

但话又说回来，需挑选谈话内容作适当反应，不可连言不及义的谈话也表示感兴趣，那么就丧失了交谈的真谛了。

大部分被评为具有听话修养的人都了解应答的重要性，他们经常利用"哦""原来如此"或"说的也是"等字眼来吸引对方说话。这种技巧对于增进人际关系有很大的帮助。

假如你是位业务员，因工作上的关系必须访问某公司的主管，万一该主管沉默寡言，很难导入正题，这时绝对不要焦躁不安，不妨配合对方说话的习惯，一步一步加以引导。

2. 夸张的表情

其实，口齿越不伶俐的人，越对对方的听话态度与心理动态敏感。因此可利用这个弱点控制整个谈话气氛，从中明显表示自己的态度，让对方勇于表达并可适当加上身体语言，引起对方共鸣。如此一来，必能使谈话流畅无比。

人的表情好比是想法的镜子。因此，往往需要用夸大的表情来满足对方，这样，就可引导话题转向有利于自己的方向。

真正了解听话技巧的人，绝不会机械式地回答"是的"，而是坦诚接纳说者，给予适当的反应。

当然，反应太过强烈，同样会令说者不愉快，必须抱持尊重对方的态度。

表示你的"兴趣"，引导对方说下去

某超级市场的老板曾碰到下面的问题。

为训练新进员工特举办一系列讲座，以介绍销售方式为主要内容。这位老板自认为内容丰富、精彩，但事后询问与会者的意见，大都回答太难、不了解，而演讲人也表示，参加讲座的员工毫无反应，演讲很难继续。

由此可见，如果听者不了解演说者的内容，应清楚地有所表示，比如用递纸条或直接发问等形式，如此演说者不但能谅解，也能改变较简单的表达方式。换句话说，听者表示不明白演说者的谈话，绝不会让演说者没面子，反而可使他确知需降低谈话水准，可说是一举两得。

除了听演讲以外，一对一的谈话也是一样。无论任何人发表谈话时，均须掌握"让对方了解"的原则。否则自己说得津津有味，而对方却没有反应，也就丧失了交谈的目的与意义了。

以听者而言，应适当表明自己的态度。要是听不懂，可表示"刚才的话是否能重复一遍？"或"你的意思是不是说……"同理，对谈话感到有趣也要表现出来。说者不见听者有所反应，往往会乱了阵脚，而失去谈话方向。

听者对话题表示有趣，可能会引发说者的灵感，衍生出另一个话题。而表示不了解，说者也会改变表达方式，以期听者能完全明白。所以，说者与听者之间相互的互动反应，可缩短彼此的心理距离，营造出畅所欲言的局面。

沟通其实并不困难，不管一对一或一对多，都需双方相互确定反应而进行。听者的反应确能左右说者，太夸张的反应可能使对方冷场，而称赞过火或态度不礼貌，也都要避免。唯有态度坦诚，才能建立起良好的沟通。

适当地应答可取信于对方，使对方肯表达一切，这才是高明的听话技巧。